DEL CABILDO AL SHOPPING

Pesadillas de la historia argentina

Diseño de tapa: María L. de Chimondeguy / Isabel Rodrigué

ENRIQUE PINTI

DEL CABILDO AL SHOPPING

Pesadillas de la historia argentina

EDITORIAL SUDAMERICANA
BUENOS AIRES

IMPRESO EN LA ARGENTINA

Queda hecho el depósito
que previene la ley 11.723.
© *2000, Editorial Sudamericana S.A.*
Humberto I° 531, Buenos Aires.

ISBN 950-07-1715-8

PRÓLOGO

por JORGE CATTENAZZI y ROBERTO MOLINARI

Damos fe de que este libro fue escrito por Enrique Pinti con nuestra colaboración en los temas abordados, sin que hubiese nunca en nuestra mesa de trabajo ni una sola botella de bebida alcohólica, ningún estimulante químico, respondiendo a signos vitales normales y supervisados en su etapa final por personal responsable de esta editorial, al que aún se le permite deambular libremente sin asistencia psiquiátrica alguna.

De que Enrique vive a este país y a su historia tan visceralmente que muchas de las cosas que han pasado le quitaron el sueño o le provocaron las más atroces pesadillas.

Esta experiencia formidable se forjó con la premisa de reunirnos para charlar sobre temas históricos, basándonos en diversas fuentes que nos merecen respeto y misericordia, para que luego Enrique los contara en su particular estilo. Fue como leerle un cuento a un niño antes de dormir, sólo que este niño, de dimensiones exageradas, sudó como un beduino atacado por visiones a la hora de entregarse a los brazos de Morfeo.

Pinti sabe contar lo que vio. Pinti sabe querer este suelo donde le tocó nacer con una abnegación sobrehumana. Pinti ha sabido escuchar estas historias reales con la paz de un monje tibetano, sin llorar desconsoladamente, sin promover ningún escándalo con sus epítetos tan saludables, oportunos y armoniosos, conteniendo los deseos de convertirse en Nerón y, antorcha en mano, salir corriendo a hacer justicia con mano propia contra más de un apellido ilustre.

Enrique hubiese preferido otro tipo de sueños, pero no habrían sido nuestros. Habrían sido sueños de países que no conocemos, habrían sido sueños publicados en otra editorial y en un idioma desconocido.

Enrique nos invita a pasar a la intimidad de su viaje onírico, sin escalas, cuya interpretación no nos permitirá salvarnos acertando a la quiniela.

Este artista tiene la magia de trocar sus broncas y sus lágrimas por nuestras risas.

Ha sido un placer, un orgullo y una distinción colaborar en este trabajo y comprobar que lo que le escuchamos decir desde la platea de una sala no difiere en una coma de lo que dice en cualquier otro lugar y que el brillo de su calidad artística es sólo opacado por la inmensa luz de su calidad como persona.

ALGUNAS PALABRAS DEL AUTOR

Era increíble. Mis pesadillas en la primaria y la secundaria deberían haber sido las matemáticas, física o química, incluso educación física, que mi alma más gorda aún que mi cuerpo rechazaba en forma instintiva y visceral... Pero no, esas materias eran tan aborrecidas por mi consciente que se me borraban del subconsciente y hasta me atrevería a decir del inconsciente. Curiosamente o no, según como se mire, mis pesadillas eran con una querida materia que muchos odiaban y yo idolatraba: la vieja y peluda Historia argentina. ¿Por qué si me encantaba la narración de aquellos hechos que desde las carabelas de Colón hasta el acuerdo de San Nicolás me llevaban por calles coloniales, campos de batalla y exilios patrióticos hasta la esencia de mi "ser nacional", por qué eran esos hechos los escenarios de algunas de mis pesadillas? ¿Premoniciones? ¿Proyecciones de futuro? ¿Aquella "Máquina del Tiempo" que podía hacer retroceder a contemporáneos del siglo XX a cualquier época pretérita había hecho estragos en mi mente? ¿Me iría a convertir en "El poco ingenioso hidalgo Don Sanchote de La Pampa", enloquecido por lecturas febriles de historias de caballería henchidas de patrióticos fervores y debería luchar en el futuro contra los molinos de viento de la verdad de la milanesa? ¿Mi lógica y algún amigo historiador me escupirían el salpicón nacional con algunas verdades molestas? ¿Me harían bolsa mi Cabildo de cartón y mi casita de Tucumán tan laboriosamente armada con alguna otra lectura que diera por tierra con el viejo manual de Grosso o Astolfi? ¡Vaya uno a saber! ¿Quiere saberlo?

¡Dele, si no tiene nada mejor que hacer avance en la lectura del *thriller* que Hitchcock o Agatha Christie no se atrevieron a plantear! La Historia argentina... la de mis pesadillas. Y que les quede claro, por favor, no hay intención alguna de faltarle el respeto a ningún prócer o principio fundamental de la nación... Pero las pesadillas son así: irreprimibles, desordenadas e indomables, como los chicos y los locos, que (suele sostener la creencia popular) son los únicos que dicen la verdad aunque sean políticamente incorrectos.

¡Ah, y por favor, no cuenten el final!

¡Si ésta es la reina, cómo será la sirvienta!

Es extraño, ya no les tengo miedo a las ratas. No es la primera vez que observo mi valentía en las pesadillas. Dormido soy valiente. Claro, no tengo lo que se dice miedo, pero me corre frío por la espalda al ver el tamaño de los roedores que corren libremente en esa noche de sábado invernal en mi sueño inquieto.

La rata mayor, capitana del grupo, me mira fijo y, en el mejor estilo Walt Disney, me habla en un castellano neutro tipo doblaje de dibujo animado del Cartoon Network: "Oye, chico, deja ya de asombrarte por nuestra masiva presencia en esta ciudad. Veo tus ojos desorbitados como si hubieras visto a Lucifer. Ya no te escandalices por tan poco, no seas 'menso'. Sólo síguenos que te haremos redescubrir el lado oscuro de la misteriosa Buenos Aires".

No tengo más remedio que seguir a las ratas en su peregrinar. ¿Por Buenos Aires? así ha dicho la capitana. Pero me cuesta reconocerla. Sólo sé (por el absurdo del sueño) que es un sábado de junio. Una intuición me lleva a preguntarle a la rata mayor en qué zona estamos y ella, muy diligente, me contesta: "Calles Defensa, Rivadavia-Hipólito Yrigoyen y Bolívar y date prisa que ya estamos algo tarde". ¿Tarde? ¿Tarde para qué?, me pregunto como se preguntaba Alicia, la del País de las Maravillas mientras corría al conejo. ¡Mi Dios! y yo siguiendo a una multitud de ratas. ¡Qué subdesarrollo! Mis elucubraciones se ven interrumpidas al oír aplausos y vivas en medio de un espacio abierto frente a un río de la Plata milagrosamente limpio e incontaminado. La rata mayor me guiña un ojo y con un tono y un léxico mucho más porteño que antes me dice: "¿Oíste? por ahí cantaba Garay" y efectivamente, el mismísimo Don Juan de Garay con su armadura y su barba está cantando como Plácido Domingo, con su espada desenvainada frente a un obelisco de madera, rodeado de zaparrastrosos conquistadores, indios con caras de extras de cine mudo y algunos habitantes de rostros patibularios e higiene sospechosa. Todos tiemblan de frío excepto Don Juan de Garay que canta como si nada:

"¡MI BUENOS AIRES QUERIDO
MENDOZA YA TE FUNDÓ
CON MUCHAS PENAS Y OLVIDO!
ESTE OBELISCO DE MADERA UN DÍA SERÁ
SÍMBOLO INSIGNE DE ESTA BENDITA CIUDAD
BAJO TU CIELO Y TU MANTO DE HUMEDAD

12

CHANTAS Y VIVOS FORMARÁN UNA HERMANDAD
EN LA CORTADA MÁS MALEVA UNA CANCIÓN
CIUDAD PORTEÑA DE CORAJE Y AMBICIÓN
SE OIRÁ LA QUEJA DE UN BANDONEÓN
MIENTRAS SE AÑEJA LA MÁS BELLA CORRUPCIÓN
¡MI BUENOS AIRES QUERIDO
AHORA QUE TE FUNDO YO
NO HABRÁ MÁS PENAS NI OLVIDO!"

Todos aplauden emocionados. Las ratas miran
algo sobradoras y escépticas; la rata capitana, ya
definitivamente porteña, me dice: "Mirá gordo, yo
ya no creo en nada ni en nadie. Estos gallegos se
vuelven a equivocar. Mendoza la pifió fulero al elegir este pozo de humedad. Se morfaron los unos a
los otros y después dicen que las ratas inmundas
somos nosotras! ¡Haceme el favor! Nosotras comemos gallinas y algunos desperdicios. ¡Éstos se co-
mieron entre ellos, loco! Y yo creo en las maldicio-
nes. ¿Viste?, por algo pasó lo que pasó. Esta City
está condenada. Se seguirán manyando unos a
otros. El canibalismo siempre será moda en esta
ciudad de la Trinidad del puerto de Santa María
de los Buenos Aires. Y sobre todo esta zona, calles
Defensa, Balcarce y microcentro, zona bancaria...
¡Uy Dio, acá sí que nosotras vamos a parecer her-
manitas de caridad!". Los augurios horrorosos de
la rata capitana se ven interrumpidos por más
aplausos del grupo fundador que sigue la joda del
acto inaugural.

Garay declama: "En nombre de la Santísima
Trinidad, Padre, Hijo y Espíritu Santo, tres perso-

13

nas y un solo Dios verdadero, que vive y reina por siempre jamás amén y de la gloriosísima Virgen y todos los santos y santas de la corte del cielo, yo, Juan de Garay, teniente gobernador y Capitán general y Justicia mayor y alguacil mayor en estas provincias del Río de la Plata, hoy sábado, día de nuestro Señor San Bernabé, once días del mes de junio del año mil quinientos ochenta, estando en este puerto de Santa María de los Buenos Aires, hago y fundo en el dicho asiento y puerto una ciudad, la que pueblo con soldados y gente que al presente tengo y he traído para ello".

Las ratas aplauden ostentosamente con aire de cargada y la capitana me dice: "Este gallego está creído que fundó Manhattan, pero mirá dónde vino a establecerse. Y eso que las disposiciones son claras, el Rey les ha ordenado que no funden las ciudades ni en un lugar muy alto por la molestia de los vientos, ni en lugares muy bajos por las enfermedades. ¿A vos te parece que Buenos Aires es adecuada para esos fines? ¡Por favor! ¡Vas a ver lo que va a pasar! Seguí escuchando a Garay".

Y Garay continúa: "Y en esta ciudad, además de los gobernadores y justicias mayores ha de haber alcaldes ordinarios para que hagan y administren justicia, regidores para el gobierno y otros oficiales".

La rata mayor me codea confianzuda y me susurra: "¡Administrar justicia! ¡Sí, Juan! ¡Sí! ¡Te voy a creer y todo!".

Yo la codeo y le pido que me deje escuchar el discurso del fundador de la Reina del Plata que sigue su arenga: "Y así os nombro alcaldes y regidores y os doy pleno poder para que usen sus oficios conforme a las leyes. Así mismo ordeno que les sean otorgadas las gracias, sumas, franquicias, libertades y exenciones que los tales oficios tienen".

La rata mayor, imparable, me vuelve a codear mientras ríe socarronamente y acota: "¡Cagamos! ¡Gastos reservados! ¡Qué curro, nene, qué curro!".

El gallego le sigue dando a la lengua: "Y como es costumbre en muchas ciudades los cargos durarán un año contando desde el día de San Juan, en el mes de junio".

La rata capitana me sigue comentando: "¡Un año! ¿Sabés todo lo que se van a robar en un año?".

Yo no puedo menos que interrumpirla en sus divagaciones diciéndole: "Pero si casi no hay gente, ni casas, ni nada. ¿Qué van a robar?".

La rata lanza una carcajada y dice: "¿Acá? ¡Cualquier cosa que encuentren! Poco laburo y mucho choreo, viejo... yo conozco el paño... ¡Mirá, mirá si te miento! ¡Mirá lo que sirven de comer!".

Vuelvo mi cabeza hacia el obelisco y veo cómo varios esclavos indios traen enormes fuentes de ñoquis... Me parece mentira que el españolísimo Garay en vez de un buen pescado, alguna paella o

15

una rica empanada gallega, reciba a los ñoquis como si fueran el manjar anhelado.

Todos aplauden y gritan: "¡Vivan los primeros ñoquis de la Municipalidad de Buenos Aires!" "¡Vivan los vivos! ¡Vivan los ejemplos para el futuro!" Yo sólo atino a pensar en voz alta: "Y eso que no es 29"; pero mi pensamiento se corta cuando veo que uno de los regidores recién nombrados por Garay nos descubre (a mí y a las ratas) y grita: "¡Periodistas! ¡No queremos prensa! ¡Tenemos derecho a la privacidad!" y se lanza junto con indios y demás flamantes funcionarios en nuestra dirección con actitud amenazante. Corro como loco seguido por las ratas y observo el espantoso estado de la ciudad. Charcos de agua sucia en las estrechas calles empantanadas, chapoteo en el lodo mientras las ratas hacen lo propio pero mucho más divertidas que yo.

De pronto me topo con un grupo de gente vestida a la usanza de 1760, pelucones empolvados y miriñaques se salpican en el barrial y con inequívoco acento español un caballero empolvado grita: "¡Bestias! ¡Oíd! ¡Yo, regidor del virrey, ordeno por bando real, en este año de 1776, doscientos años después de la fundación de esta ciudad, que se hagan veredas de piedra con postes cada tanto para que no pasen los caballos por la acera, que ya bastante tenemos con las ratas! ¡Que los vecinos se encarguen de llenar con tierra o cascotes los hoyos y pantanos que hay en las calles!".

16

La rata capitana gritó desde vaya a saber dónde: "¡Autogestión! ¡Arréglense entre ustedes, la gente tiene que hacerlo por su cuenta y sin cobrar, mientras ellos se gastan la guita en boludeces demagógicas y fiestas callejeras!" El empolvado siguió dando lectura al bando virreinal: "El Cabildo nombrará comisarios para cada manzana para controlar que los vecinos cumplan y para ponerle multa a los renuentes".

"¡Y así empezaron las manzaneras!", grita la rata mayor ante la indiferencia del funcionario que sigue atronando el aire con su bando:

"¡Que no se echen basuras ni inmundicias a la calle, ni de día ni de noche y que cada uno barra su calle! ¡Que los carpinteros y artesanos no tiren los restos de sus trabajos a las calles para evitar que se atajen las corrientes de agua y se produzcan pantanos, que no se arrojen a la calle animales muertos, ni carne podrida, que los aguateros no carguen el agua en el río frente a la ciudad porque ahí es muy sucia! ¡100 azotes al que no cumpla! ¡Que no se permitan los bailes indecentes de los negros!". La rata gritó un burlón: "¡Muera la bailanta!" y el empolvado continuó: "Que los que venden comestibles en la plaza no dejen desperdicios ni el lugar inmundo como hasta hoy", "Que no desplumen gallinas en la plaza", "Los que achican calles haciendo zanjas deben cerrarlas para permitir el paso de la gente y los carruajes y el Cabildo deberá encargarse de dar curso a las aguas que inundan ciertas calles en los días de lluvia".

Mi pobre cabeza piensa en la actualidad de dichas medidas del 1776 en este atribulado 2000 porteño y no da crédito a tanta monotonía histórica, pero mis pensamientos se interrumpen con la última ordenanza del bando gritado por el funcionario: "Que no se corra a caballo por las calles por las desgracias que producen al atropellar transeúntes, sobre todo niños y ancianos".

La rata líder me vuelve a guiñar un ojo mientras me dice: "¡Picadas 1776! ¿Qué te parece?".

La comitiva se mete en carruajes y calesas dieciochescas que inician un recorrido azaroso por las calles desparejas y enlodadas de un Buenos Aires pre-empedrado tan parecido a ciertas zonas actuales, que me hace correr más frío por la espalda que la visión de las ratas en el comienzo de mi sueño. Y son las ratas, dueñas y señoras de la circulación nocturna, las que me confirman mi disparatada y pesimista teoría de la perpetua repetición de errores que jalonan la pesadilla de nuestra pequeña historia. La rata presidenta me mira socarrona y sabia y me larga un: "¿Por ahí cantaba Garay?". Y yo contesto: "Por ahí, por ahí. ¡Ay, ay, ay!" y la rata, con funyi y un pucho en la oreja, me canta: "Ciudad porteña de mi única ilusión, se oye la queja de un bandoneón y al ver tanto choreo, palabrerío y discurso al pedo, pide rienda el corazón. ¡Mi Buenos

Aires querido, que alguien te vuelva a fundar sin que haya penas ni olviiiidooo!".

Y mientras en el horizonte se dibuja la silueta de los futuros rascacielos de frentes espejados, una villa miseria abre su herida al costado de la petulante autopista y la rata me susurra al oído: "¡Cuánto chanta! ¡Cuánto chorro! ¡Cuánta rata hace negocio con la Reina del Plata!". Prefiero despertarme.

Reciclaje de chantas

Yo estaba en un gran archivo. Kafka hubiera sentido escalofríos al ver la inmensidad de ficheros, pilas de expedientes carcomidos por alegres ratas y, sobre todo, por el olor rancio que emanaba de los múltiples y laberínticos pasillos. Claro que eso no era lo peor de la pesadilla, ¡qué va! ¡no! Lo peor era que yo era un jefe de sección de ese infierno y mi oficina era una mezcla de despacho de aduana con estudio de detective privado estilo cine negro de los cuarenta. La puerta de mi oficina era mitad madera, mitad vidrio opaco donde estaba inscripto: "Oficina de reciclaje histórico nacional, si usted ha sido un oprobio, pase por esta dependencia y verá que nada se pierde y todo se transforma". Sí, ya sé, es muy largo para que quepa en una puerta estrecha, pero en las pesadillas todo es posible.

Yo llevaba un traje cruzado tipo Dick Tracy,

me saqué el saco y quedé en camisa rayada, moñito a lunares y mangas de lustrina negra, tipo empleado público del tiempo del jopo. Apenas me senté frente a mi escritorio, vi una extravagante silueta que, como una sombra chinesca, se proyectaba en el vidrio de la puerta; parecía un mosquetero con gran sombrero de plumas y una espada antigua. Abrió y lo vi claramente recostado en el marco de la puerta: era una mezcla de capitán Garfio y D'Artagnan quien, con acento españolísimo me gritó: "¡Eh, tú, chaval! ¿Estás a cargo del reciclaje histórico?". Me cayó simpatiquísimo claro, me había dicho chaval, a mí que hace rato me humillan con el trato de señor y, a veces, hasta con el de don. Me compró. Y con una sonrisa le contesté: "¡Sí señor!" Y ahí comenzó su confesión: "Mi nombre es Jacinto de Lariz y he sido gobernador de Buenos Aires entre 1646 y 1652. ¿Qué mal había hecho yo para merecer ese destino? Yo, un noble, un grande de España, acostumbrado a palacios europeos, llegando a ese sitio al que yo, antes, había bautizado como el culo del mundo y al que al desembarcar y echar una ojeada tuve que cambiarle la denominación por respeto al culo porque el culo, como decía mi amigo Quevedo, sirve al menos para desagotar lo que sobra en el organismo y, agrego yo, a veces toma unas formas tan maravillosas y mórbidas que ríete de Rubens. ¡No! ¡Quiá! Decirle culo a ese horroroso ranchaje que era Buenos Aires en 1646 es injusto. Conforme llegué, un vaho de humedad me hizo trastabillar y el Comité de Recepción que era el gobernador saliente, que tenía una cara de gozo que ni veas, y un cura que él decía que era obispo pero, al ver su pobre hábito, no le dabas ni status de sacristán, me mostraron lo que ellos llamaban, sin ningún pudor, ciudad. ¡400 ranchos de adobe con techos de paja y caña! ¡Piso de tierra apisonada, sin puertas interiores y, a veces, algún cuero de vaca colgando a la manera de cortinaje divisorio!

"Pantanos y bañados rodeaban el rancherío y al comenzar a llover justo el día de mi llegada, presencié una inundación a la que le faltaba Noé y su puta arca. Cuando calmó la lluvia continuamos el recorrido chapoteando entre el barrial. ¡No había una calle que tuviera nombre siquiera! Pero, ¡joder!, dije yo, aunque sea ponerles números, qué sé yo, nombres cualquiera, calle del Norte, del Sur, avenida Olor a Mierda, no sé, algo. ¡Voto a Satanás! Comían carne y legumbres en ensalada como bestias, de los demás alimentos, nada. ¡Claro! Las vacas daban vueltas por las calles y las verduras florecían por la maldita humedad. Vivían mil blancos, casi todos de la horrible raza criolla, y había algunos negros e indios con cara de pocos amigos deambulando por ahí. Había un fuerte que más que un fuerte era un débil porque estaba hecho de adobe, tenía sólo 10 cañones y 150 soldados. Imaginaos, sólo por un instante, alguna invasión medianamente armada. ¡El villorrio volaría en pedazos sólo con dos o tres flatulencias del pirata agresor! Mi residencia era un horroroso agujero y la Iglesia Mayor, un rancho sin sacristía. El Cabildo parecía una ruina y la Plaza Mayor era un potrero intransitable. Me cagué en los muertos del rey y la reina, que me habían mandado a semejante purgatorio, y comencé a rumiar mi venganza." Se tomó un respiro y yo, más por formalidad que por real deseo de agradar a semejante aparato, dije: "¿Tomaría usted algo, vuesa merced?" "¿Puedo?" me preguntó con un tono enigmático, y yo, inocente, contesté: "¡Claro que puede!" y ahí nomás me manoteó el reloj con la mano derecha mientras me aplicaba un zurdazo al bolsillo del pantalón en búsqueda de algún billete. Retrocedí espantado tratando de salvar mis pertenencias mientras balbuceaba algo así como: "¿Pero qué hace usted?" y el Piratón sin inmutarse me contestaba orgulloso y cínico: "¿Cómo qué hago? ¿No me ha dicho usted que podía tomar algo? Pues bien, estoy tomando su reloj y algún dinero". "¡Pero yo le ofrecí un trago, un café, no sé, algo líquido!" contesté con asombro. El extraño gobernador se desplomó sobre un sofá y pasándose la mano por su ensortijada peluca de bucles grasosos me gritó: "¡Qué mal habláis en esta sucia colonia! ¡Lo correcto, pedazo de bestia, es decirme si quiero beber algo y no tomar, tomar es como coger, bestia!" Yo, de sólo pensar que semejante personaje se siguiera confundiendo de acepciones verbales y de beber a tomar pasara a la tercera opción, temblé de horror y consideré que había que sacarse de encima esa pesada carga y traté de apurar el expediente. Y dije: "Vea, Señor Gobernador, si usted quiere reciclarse cuénteme cómo fue su gestión". Y él, con cara de a mi juego me llamaron, comenzó su gran discurso: "Verá usted, llevado por mi deseo de venganza y viendo que el contrabando era la actividad número uno de esa maldita Buenos Aires, me dije: ¡Ni gente hay en esta aldea y ya hay corrupción! Es la naturaleza intrínseca de esta región del globo. No tiene este puto caserío ni la riqueza del brillante Alto Perú ni las orgullosas pirámides de México, ni la altiva sobriedad inca, ni la sensual vegetación de la selva tropical que une el Brasil y Colombia llegando a Venezuela, ni el cálido Caribe y sus nativas rotundas y doradas. ¡No! Lo único que tiene es el delito rentable y corrupción generalizada; pues bien, donde fueres haz lo que vieres. ¡Y así lo haré!, y lo hice: llegaba un capitán pirata y yo lo recibía con bombos y platillos y le decía que había llegado al lugar indicado y que ese lugar estaba gobernado por el corrupto más corrupto de todos los corruptos, caía el tonto en la trampa y, al volver, por segunda vez, confiado y seguro lo hacía meter preso, le confiscaba todo, le remataba la mercancía y me quedaba con un tercio por haber hecho la denuncia. Le mandé una comunicación al gobernador de Bahía para comerciar con total ilegalidad y en cuanto me mandó a su capitán lo tomé prisionero, confisqué, rematé, me autopremié e hice ejecutar al capitán en la Plaza Mayor tanto como para dar un festival gratuito al pueblo porteño, inaugurando así una serie de recitales seguidos de azotes y ahorcamientos a los que titulé 'Buenos Aires no perdona'. De más está decir que el obispo me excomulgó tres veces y que yo le contesté con tres sonoras pedorretas. Tuve un conflicto con un escribano que no quiso labrar un acta de uno de los remates y entonces desterré a todos los escribanos de la ciudad confiscando todos sus bienes. Pero, aunque usted no lo crea, la plata no me alcanzaba para nada y tuve que recurrir al préstamo y ¿va a creerme usted que los muy perversos de mis deudores pretendían cobrar? ¡Sí! ¡Como lo oye! ¡Que yo, el gobernador, les devolviera sus sucios dineros! ¡También me criticaron porque dormía semidesnudo en las puertas del fuerte frente a la plaza! ¡Hombre, lo hacía por el horroroso calor húmedo que entre diciembre y marzo se desplomaba por las putas calles sin nombre de ese agujero mortal! Pero todo lo bueno acaba, llegó el año 1652 y con él, mi reemplazante, que me tuvo que hacer un juicio a pedido de los pérfidos habitantes mal agradecidos de la porteña elite.

"Doce años de suspensión de empleos y trece

años de destierro en Chile más una abultada indemnización. Diga usted que me llevaron a Lima donde el virrey, amigo de mi familia, me dejó escapar, no obstante me tomaron prisionero y me llevaron a España donde confiscaron todos mis bienes, y me inhabilitaron a perpetuidad. ¿Qué le parece a usted? ¿Podría reciclarme?"

Yo no tuve más remedio que tranquilizar al reverendo hijo de mil putas que tenía delante de mis ojos y le anuncié: "¡Hombre! ¡Han terminado sus pesares! ¡Ha llegado usted a una época en donde la ciudad ya no es un villorrio ni un caserío roñoso, no! ¡Sigue conservando la humedad junto con la corrupción, sólo que ahora los corruptos pueden obviar el calor y la humedad con equipos de aire acondicionado, pueden tener nativas doradas o efebos musculosos según el gusto del consumidor sin necesidad de desplazarse por selvas tropicales y, tenga usted la seguridad, que por delitos de contrabando, falta de pago y todas las bellezas que usted solía hacer, nadie es condenado si está en lo alto del poder y ni aun cuando caen pueden cogerlos, vuesa merced. Siempre encontrará la trampa legal para salir airoso, su señoría. Y si lo descubren in fraganti no olvide usted mirar a las cámaras y decir: 'He sido víctima de una campaña en contra, ya hablaré y aclararé mi situación'. Y no crea usted que esta frase la dirá mientras lo llevan a la cárcel. ¡No! Es más que seguro que la diga al pie del avión que lo llevará a las islas Caimán a depositar los tercios que ha cobrado. Gobernador Lariz, no tema usted... reclínese, córtese esas crenchas, vístase con un buen Armani, huela a Versace, corbata Givenchy, *foulard* Leonard, ataché Dior y abrigo Valentino y con sus antecedentes, lo menos que le espera es la gloria, la fortuna y una bella esposa cincuenta años más joven que usted." Lariz me miró y con lágrimas en sus ojos me dijo temblorosamente: "Yo sabía, yo sabía... yo raramente me equivoco y cuando pisé estas playas me dije: Este lugar tiene porvenir... ¡Había algo en el aire que me lo decía!" Se me vino encima y cuando me iba a abrazar vi cómo cambiaba de facciones y se me hacía muy, muy pero muy familiar... No llegué a distinguir claramente a quién se parecía. ¡Menos mal! ¡A ver si me como un juicio!, dije al despertar.

Navegando en Internet

Estoy navegando en Internet, chateando como el mejor y manejando la compu como un chico de diez años. Se trata de un sueño, claro, esto es seguro. Despierto y en mis cabales jamás podría hacerlo. Tan luego yo, hombre prehistórico que aún escribe a mano en cuadernos rayados sobre las mesas de los bares de Buenos Aires y que jamás ha osado tocar una computadora (cosa e'mandinga, vea). Pero en los sueños soy un as, un rey... ¿qué veo? Hablando de reyes, veo coronas en la pantalla, se me dibuja un videogame y veo a una reina con peluca roja y corona brillante, gritando como una loca ¡está furiosa! ¡Habla inglés! ¡Es Isabel! ¡Pero no la segunda! ¡Ni la Perón! Es Isabel primera de Inglaterra, la reina virgen... Bueno, con esa caripela, ¿quién hubiera podido hacerle un service por más reina que fuera...? ¡Uy Dios! ¡Me oyó! Gira su cabeza hacia mí y me arrastra al videogame, la compu me ha chupado y ahora soy un juguete del destino. La Reina me mira con desprecio y me pregunta en un inglés con poco Shakespeare: "Who the fuck are you, bloody bastard!?". Leo el subtítulo que me canta la traducción, o sea: "¿¡Quién carajo sos, maldito bastardo!?" Aprieto un teclado para que de ahora en más la conversa sea en *fucking spanish* y le digo: "Vengo de la Argentina, finales del siglo 20". La Reina sufre un vahído, se pone verde, hace el ademán de vomitar (por suerte no logra completar su acción) y me dice: "¿Argie? ¡Un Argie en la corte de Isabel primera de Inglaterra! ¡Espía! ¡Que lo lleven a la torre! ¡Que le corten la cabeza!" Yo trato de arreglar la situación y le digo, desesperado: "Su majestad, su alteza, Reina, su señoría, su excelencia, vuesa merced, oíme cacho, hablemos de hombre a hombre..." Ella cambia su expresión al oír la última frase, sonríe, y relajándose me contesta: "Ahí me gustó, todo el mundo piensa que soy hombre pero pocos se atreven a decírmelo en la jeta. Valoro tu audacia y te explico: en este mundo machista cuando a una mujer la quieren elogiar por su capacidad y eficiencia para algo más que criar hijos, limpiar y cocinar, le dicen: 'Pareces un hombre'. Los tengo bien junados a los machos de mi época y por lo que veo la cosa no cambia a pesar del paso de los siglos. Generalmente mato al que me lo dice pero, considerando tu subdesarrollo, te voy a perdonar la *gaffe* y te voy a dejar con vida para que les digas a tus contemporáneos que viste lo que vas a ver. ¡Que pase el embajador de España! ¡Estos gallegos me tienen patilluda con el asunto de mis piratas y sus putos barcos, y el contrabando!" ¡Contrabando! ¡Dijo contrabando! No puedo evitar mi comentario y le informo a la Reina: "¡De contrabando en Buenos Aires sabemos un montón!" Ella ni se mosquea y me contesta: "Y cómo no van a saber de contrabando si son hijos de gallegos y comercian con mi país". ¡Es obvio!

Y ahí nomás, como otro muñequito del videogame, entra el embajador gritando: "¡Su majestad, o para usted a los piratas o nuestra armada invencible caerá sobre Inglaterra como una tempestad!" Ella se acomoda el miriñaque y le chanta: "Pará, gallego, que te vas a herniar, en primer lugar yo, de piratas, no sé nada... Si hay, es porque hay mucho malandra suelto. ¿Sabés? Y yo no los puedo controlar. Pero yo no auspicio la piratería. ¡Qué esperanza!" Se da vuelta hacia mí y me guiña un ojo en actitud cómplice. El embajador se calma y le contesta: "Yo no he dicho que su majestad auspicie, pero que le conviene, le conviene. Asaltan nuestros barcos cargados de las riquezas que traemos de Iberoamérica. Yo lamento mucho que los ingleses no puedan sacar de sus colonias nada más que té y que en cambio nuestras posesiones americanas sean riquísimas en oro, plata y otros metales, en maíz y trigo y en minerales de infinita riqueza. ¿Qué vamos a hacer si Dios se puso de nuestro lado católico y no del vuestro, protestante y reformista?" La Reina respira hondo y responde: "Mirá gallego que tu flota invencible no te va a durar toda la vida y que Inglaterra es una isla brava". El embajador sonríe y contesta: "Que este país es una isla es una gran verdad, Dios ha sido benevolente con el resto de Europa al separar tan drásticamente a Inglaterra del continente". Ella se yergue y contesta con desdén: "¡Mirá, yo no voy a comparar el humor inglés con chistes de gallegos porque no me gusta humillar. Andá y decile a tu Rey que duerma tranquilo y que esta islita le va a demostrar cómo se puede dominar al mundo sin territorio, sin riquezas naturales, sin diplomacia y sin escrúpulos! Andá y decile esto, ¡que de los piratas me ocupo yo!"

El embajador se va haciendo reverencias sin darle la espalda a la Reina, un poco por protocolo y otro poco por miedo al puñal que puede tirarle la muy guacha, quien me dice: "¡A mamá con bananas verdes! ¡Yo les voy a dar! El contrabando va a ser la industria número uno de los próximos dos siglos, a la armada española invencible se la voy a meter por el culo a mi colega hispánico y, acordate de lo que te digo, Argie, ustedes van a ser más colonia inglesa que española, andá nomás y deciles a tus amigos que Isabel primera te cantó la justa". ¡Game over! Y chau, se esfumó.

Yo estoy otra vez fuera del juego, apretando

teclas a diestra y siniestra. De pronto una batalla naval ocupa la pantalla de mi computadora y me permite ver la derrota de la armada invencible española. Los navíos ingleses copan la parada y la reina Isabel aparece en la imagen gritando: "¡Dale, gallego, a ver ahora cómo van a hacer para traer las riquezas de América! ¡Soy la reina de los mares! ¡Se las van a ver negras!" Las puteadas del rey de España hacen saltar los tapones. Todo queda a oscuras hasta que encuentro una linterna y comienzo a caminar a los tropezones, prendo la compu otra vez y ahora veo un mapa de América. Las riquezas del Potosí o el Tucumán llegan a España por una ruta intrincada para evitar ataques piratas. Buenos Aires tiene el puerto cerrado por orden de Don Felipe II de España. El juego empieza otra vez y ya estoy dentro del Buenos Aires primitivo y colonial.

Es noche cerrada y sólo adivino bultos que se menean en el puerto. Bultos humanos y bultos de todas clases. Contrabando. Hombres, mujeres, niños, ricos, pobres, curas y laicos, todos contrabandean. Uno de los que llevan y traen me ve y me dice muy bajito: "¿Usted es porteño?". Sí, contesto yo, con cierto temor. "Entonces ya sabe de qué se trata, m'hijo. Acá o se contrabandea o no se sale de pobre". Trato de salir de esa zona tan peligrosa y ya casi lo consigo cuando un jinete se cruza en mi camino. El hombre monta un caballo negro muy familiar y tiene una capa negra y un sombrero negro de ala ancha... ¡Sí! ¡Es él! ¡El Zorro! No contengo el grito que me sale del alma: "¡Zorro!". El jinete se baja del caballo y me da vuelta la cara de un bife: "¡Más zorro serás tú, so bestia!" Yo, atontado por el cachetazo, le digo: "¿Y quién es usted?" El hombre me contesta: "Pues yo soy Don Diego de la Vega". ¡El Zorro! voy a volver a decir pero mi mejilla ardiendo aún me hace desistir de semejante cosa. El hombre continúa: "Soy Don Diego de la Vega, el primer banquero del Río de La Plata." Yo no puedo creer y se lo digo: "¡No lo puedo creer! ¡Nuestro primer banquero se llama Diego de la Vega!" "¡Sí, hombre, sí, lea los libros especializados y verá que no miento! No hago más que manejar el comercio ilegal en esta ciudad y tengo corresponsales en Flandes, Portugal, Brasil, Perú y el Tucumán. Calcule usted que hasta un 25% de la producción de plata del Potosí se evade por la ruta Tucumán-Buenos Aires. Hay ganancias de hasta el 100%. Además por medio del tráfico de esclavos hacemos pasar cualquier cantidad de mercancías. Por cada negro, kilos de mercancías. Y todavía hay quien dice que la esclavitud es mala. Mira por donde esas bestias de carga pueden resultar útiles a la buena sociedad. Gracias al querido contrabando se está creando una burguesía comercial más fuerte día a día. Y por más que nos intenten frenar con aduanas intermedias en Córdoba o Santiago del Estero o Jujuy, nada podrá contra nuestras trampas. El contrabando está en nuestros genes y lo habremos de mantener por siglos." Una carcajada diabólica rubricó el discurso de Don Diego, quien tomó aire y continuó. "¡Contaremos con la complicidad de gobernadores corruptos que dejarán entrar navíos presuntamente averiados que serán arreglados súbitamente una vez que hayan descargado las mercaderías. Funcionarios eclesiásticos y militares participarán del contrabando y todos y cada uno lo harán de manera tan natural que, lejos de estar mal visto, ¡será sello de distinción, poder y clase! ¡Y cuando en España gobiernen los borbones habrá contrabando francés y cuando España y Portugal separen sus coronas, haremos contrabando por Colonia del Sacramento y si intentan nombrar comisiones y audiencias para impedir esta sagrada actividad, esas instituciones tendrán que ser levantadas porque el porteño adherirá al contrabando hasta el fin, como sea: contrabando hormiga, free-shops truchos, conteiners misteriosos, aduanas paralelas, valijas diplomáticas, tripulaciones arregladas, lo que sea, menos renunciar al dulce aroma de la corrupción!" Todo el juego se había modificado, Don Diego de la Vega ya no lucía como el Zorro, tenía puesto un Armani que daba calambre y sin caballo pero con moto Harley Davidson y un toque levemente pirata en su larga melena y su arito en la oreja izquierda, dejó caer una tarjeta con sus datos

35

y huyó perdiéndose en el lobby de un hotel cinco estrellas 2001. Otra vez game over.

Aprieto otra tecla y un menú de opciones se ilumina para mi asombro. En la pantalla dice:

1 – Contrabando
2 – Lavado de Dinero
3 – Evasión Legal
4 – Beneficencia Trucha
5 – Coima
6 – Sobornos y Extorsiones
7 – Espionaje Telefónico
8 – Otros

No me animo a elegir ninguna posibilidad. Soy cagón hasta en sueños. "¡Gracias a Dios!", me digo a mí mismo, vea, con el orgullo interno de sentirse un gil en un mundo de zorros. ¡Game over!

El cementerio de los vivos

Era un cementerio en blanco y negro. No parecía extraña la ausencia de colores en semejante lugar. Yo, vestido con capa y galera a la moda 1860, avanzaba por una calle llena de bóvedas. Era el amanecer y había demasiada niebla, de pronto, detrás de unas tumbas con estatuas muy blancas, vi claramente una máquina de humo de las que se usan en las filmaciones y oí muy lejana una partitura típica de film argentino de los cuarenta; en un corte muy cinematográfico aparecí bajando las escaleras de una bóveda con un potente spot seguidor iluminándome desde atrás. Era un mausoleo, un monumento mortuorio donde decía "Dominguito". Unos pasos detrás de mí me sobresaltaron, me volví y sin dar crédito a mis ojos vi bajar enojadísimo a Sarmiento, mejor dicho a Enrique Muiño haciendo de Sarmiento en "Su mejor alumno". O sea que vi al único Sarmiento que durante años yo creí

que existía. Estaba hecho una furia y me espetó:
"¿Qué venís a hacer acá? ¿Venís a cerciorarte de la
existencia de mi hijo natural? No me extraña. De
mí han dicho de todo: mujeriego, boca sucia, pro-
vocador, insensato y extranjerizante, racista, pro
yanqui y antigaucho, ¡ta que los tiró! No me
endilgaron fama de maricón porque no se usaba...
Vos sabés que acá maricones nunca hubo y menos
en mi época... Porque lo que dijeron de Belgrano es
una calumnia... Debe haber sido obra de algún
maricón..." Yo apenas pude meter mi bocadillo:
"Pero Don Domingo, si usted acaba de decir que
no había..." y él espetó: "Esos rumores corrieron
mucho tiempo después cuando ya empezaban a
aparecer... Pero no he venido hasta aquí para hablar de desviaciones sexuales... Con las políticas ya
tengo bastante... Está todo el tinglado bien armado
m'hijito, no sea pastenaca, pedazo de chitrulo, pa-
pamoscas, belinún, abombao y mequetrefe, avíve-
se..." Paró para respirar y yo le dije: "Su lenguaje
es incomprensible, no sé... ¡es críptico!" Y él, ya en
los escalones, amenazándome con su bastón bra-
mó: "¡No te parto la cara porque sé que en tu puta
época eso se arregla con cirugías y no te reto a duelo porque también sé que en el 2000 ya no tienen
honor que defender, pero si estamos en una cripta,
¿cómo carajo querés que sea mi lenguaje sino
críptico?... Si querés más aclaraciones subí a la su-
perficie del gran cementerio nacional... Todavía

deben quedar imágenes entre las ruinas" y, girando como un trompo, se elevó con un estilo efecto especial algo trucho porque me pareció divisar los hilos que lo elevaban.

De pronto, como siempre ocurre en los sueños, sin solución de continuidad, me encontré pisando un mapa de la Argentina que lucía como un gran tablero de ajedrez en forma de bife de chorizo y allí, justo sobre el distrito federal capitalino estaba el mismísimo Mitre dando indicaciones a muchos hombres y algunas mujeres vestidos con trajes variados del siglo XIX... Era como un titiritero, un *réggisseur*, un coreógrafo y un historiador todo junto y al mismo tiempo. Y decía un monólogo rápido, algo así como: "Señores y señoras, de esta puesta en escena depende el futuro... Esto no es una simple representación... Es *la* representación por la que se nos identificará en tiempos venideros... habrá quien la revise y corrija pero debe ser tan fuerte, tan apropiada y tan cómoda y placentera que hasta los escépticos más recalcitrantes preferirán creérsela a pie juntillas... Tengan en cuenta que no se trata de mentiras sino de verdades a medias que son las que cuentan con más adeptos. Para los europeos y los asiáticos debe ser mucho más fácil porque tienen siglos y siglos de cultura y de historia, nosotros empezamos ayer, cuanto más insistamos en nuestra condición de jóvenes eternos mejor serán justificadas nuestras fallas y carencias... pero hay que empezar ya antes de que el siglo XX comience y todavía queden vivos muchos de los que protagonizaron los hechos para hablar pavadas. No perdamos tiempo. Los pilares de nuestra sociedad son ustedes, sigan mis indicaciones y la honra caerá sobre nosotros". Un gordito tarado de unos ocho años con guardapolvo almidonado aplaudió frenéticamente... ¡Era yo! Yo, de pequeño (si es que alguna vez lo fui) que aplaudía y le daba una manzana a Mitre que emocionado dijo: "¡Éste es el futuro!" Se oyeron pedorretas y abucheos entre la multitud pero Mitre no hizo el menor caso de los detractores que encontraron en mí un horroroso ejemplo de lo que este bendito lugar en el mundo podría llegar a ser, y con un puntero y una bandera comenzó a ordenar. San Martín, padre de la patria, gran militar, gran estratega, noble pero recto, honrado a carta cabal, renunciando a todos los honores, Titán de los Andes, idealista sin remedio. Mejor dicho con Remedios de Escalada, esposa sufrida para ejemplo de todas las argentinas; Belgrano, culto, refinado, pacífico y guapísimo no es bueno como militar pero pelea igual porque lo primero es el deber, renuncia a todo y muere joven; Moreno, todo fuego, revolucionario nato, muerte dudosa como Castelli porque los buenos si son muy revolucionarios mueren jóvenes, quemados por su propia sagrada llama; ¿me explico? Mariquita Thompson,

40

gran mujer, desobediente a sus padres realistas, obediente con su marido, heroína de las invasiones y voz cantante del himno. "Necesitamos un villano: ¿Quién quiere? Nadie levanta la mano, che. ¡Qué poco patriotas! ¡Tiene que haber un malo para que esto se sostenga!" De pronto atronó el aire la voz de Riverito que apareció en imagen reflejada en el cielo de la patria soñada gritando: "¡Sorteo! ¡Hagan un sorteo!" Y una gigantesca tómbola azul y blanca giró y giró y se detuvo en: ¡Rosas! Todos aplaudían menos Don Juan Manuel. Mitre lo señaló y le dijo: "¡Haga el sacrificio! Usted tiene que ser tirano, sangriento, feroz, sin escrúpulos". Don Juan Manuel, sin inmutarse, contestó: "¿Y no me va a poner nada bueno Bartolo? ¡Eso es jugar sucio!" Doña Mariquita susurró algo al oído de Don Mitre que sonrió: "¡Bravo, misia! ¡Claro que va a tener algo bueno: una hija que es un sol, bonita, culta, decente, fiel y piadosa". A Doña Manuelita se le cayó la mandíbula del asombro y dijo: "¡Qué aburrimiento me espera!" Pero fue acallada de inmediato. "Y tiene que haber un díscolo ni bueno ni malo pero rebelde, fuerte, boca sucia y maestro al mismo tiempo" y ahí apareció nuevamente Sarmiento y dijo: "¡Presente, carajo!".

Todos estaban listos, yo, recuerdo fascinado, junto a varias de mis maestras y compañeros de primaria; de pronto, los personajes históricos de carne se habían convertido en bronce y del busto de Doña Mariquita brotó un CD que atronó con los acordes del himno...

¡Me tuve que despertar!

¿La zona roja era negra?

Era noche cerrada y yo caminaba por una calle empedrada, parecía Palermo Viejo. Un señor muy fino con un bastón elegante, parado en una esquina rosada de almacén-pulpería, me advirtió: "Va mal rumbeado, no actúe por prejuicios, no es en Palermo Viejo por donde usted tiene que buscar..." Apenas musité un: "No entiendo lo que me dice" cuando el caballero suspiró resignado: "No es el único que no me entiende, algunos de los que menos me han entendido hasta han osado dar conferencias sobre mi obra, pero acepte mi indicación, vaya a Plaza de Mayo y va a ver que la zona no es rosa sino negra". Recién ahí descubrí quién era y cuando iba a sacar mi libreta de autógrafos para pedirle uno, Borges ya no estaba y de la esquina rosada, ni noticias. Un ruido de tambores de candombe con olor a fritanga me hizo girar ciento ochenta grados para encontrarme con una Plaza de

Mayo colonial, paupérrima: el fuerte, el Cabildo y, bajo las arcadas, una galería de señoritas de color, de color negro, que ofrecía todo tipo de posibilidades al transeúnte.

Era un Buenos Aires húmedo, peligroso, oscuro y con todo tipo de agujeros y remiendos en las aceras desparejas... Por esa similitud con el presente me costó creer que estuviéramos a principios del siglo XIX pero un cañonazo proveniente del fuerte me llamó a la realidad de mi pesadilla.

Una negra caderona y simpática con la sonrisa ancha y blanca como un teclado de marfil, me hizo una seña, me acerqué y me pareció que era Whoopi Goldberg doblada al español... nunca supe bien si era o no pero lo que me contó era más triste que "El color púrpura". Me frenó, me miró fijo y me espetó: "Mile señol, soy la negla Dominga y no voy a seguil hablando con la ele polque me abulo y usted no me va a entendel. ¿okey?" Okey dije yo. "¡Ay, así es mejor!" dijo la Dominga y me confesó: "¿Vio a las chicas? Y, sí, así es la vida, cosas de negro ¿vio? Vendíamos empanadas y pasteles y un alcalde hijo de puta en 1797 nos prohibió hacerlo en esta Plaza Mayor que, por otra parte, es el único lugar donde circula algún ser vivo en esta Santa María de los Buenos Aires que, con perdón de la Virgen, no tiene Buenos Aires casualmente. Ahora, si a este alcalde le molestan los vendedores ambulantes y nos prohíbe trabajar donde hay gente, ¿de qué vamos a

44

vivir los negros y negras? A nosotras nos permiten vender los pasteles que hacemos pero tenemos que rendir al fin del día una cantidad... si vamos con menos, nos cagan a palos, si nos vamos a barrios alejados la cosa empeora, si queremos completar la cifra vendiendo nuestros cuerpos nos cagan a palos también. En un caso es por vendedoras ineficientes, en el otro por prostitutas, y en todo caso por infringir un código de moral que no hemos leído nunca, porque no sabemos leer y si se nos ocurre aprender nos dan 25 azotes, sí, como lo oye, míster: tenemos prohibido concurrir a la escuela, lo único que nos enseñan es religión, gracias a eso me enteré de que, negra y todo, también soy hija de Dios aunque ignorante y pobre. Si vendo me pegan, si me prostituyo me pegan, si deambulo me pegan, si me ven con alguna joya o con traje de seda aunque sea regalo de algún amo, me pegan. ¡Vida negra la del negro!" Me dieron ganas de consolarla y lo hice, le compré la canasta de empanadas, ella se estremeció, parecía Audrey Hepburn en "Mi bella dama" cuando le compraban la canasta de flores y antes de que me empezara a cantar, yo le dije: "Yo vengo de una época donde a la gente como vos le hacen lo mismo pero, encima y para mayor oprobio, le dicen que no hay esclavos y que viven en un país libre con las mismas oportunidades para todos con libre mercado de oferta y demanda y donde, con trabajo (que no hay) se puede conseguir a mediano plazo una buena ubicación social". La negra me miró asombrada y me dijo: "¡Mire usted, amito! ¡Y yo que me creía desgraciada! ¡Qué país este! ¡La hijoputez puede superarse y sofisticarse en cada época! ¿Eso es el progreso?" Ni más ni menos, negrita... le iba a decir cuando un silbato alertó a las prostis de color y una voz masculina salió de entre el coro femenino para gritar: "¡Rajemos chicas, la cana!" Mientras huían la negra Dominga me aclaró: "¡El que gritó es el negro Cirilo que se ha hecho travesti pa' juntar unos patacones!" De pronto desaparecieron entre las sombras de la noche y yo giré y ahora estaba en medio de la pampa frente a un aljibe. Un rasgar de guitarras muy potentes salía del pozo aquel, el cielo se tiñó de azul y blanco y súbitamente, como en un film de terror, una mano peluda se aferró del brocal y vi cómo esa mano oprimió una perilla eléctrica y todo el aljibe se iluminó con bombitas multicolores de kermesse pueblerina y ahí nomás emergió un gaucho imponente con un facón en la mano y una tira de asado en la otra; venía montado en un alazán con cabeza de vaca y piel de oveja y antes de que yo pudiera decir: ¡Ave María Purísima! Me espetó: "¡Acá tenés, pueblero porteño, la imagen que te enseñaron; jinetazo atiborrado de asado, señor de la pampa, guardián de vacas y ovejas, guitarrero y altivo, ser nacional hecho chiripá y con una nobleza tan extrema como el heroísmo y una

46

pobreza disimulada con dignidad, perseguido y aco-
sado, borracho de pulpería y decidido en el duelo
criollo a facón puro y con capacidad de improvisar
payadas con la velocidad de un rayo! Ahora, ¿querés
la verdad?" Yo no podía creer lo que veía pero de
pronto las lamparitas desaparecieron y el gaucho
empobrecido y raído me tomó del hombro y comen-
zamos a caminar. El gaucho comenzó su letanía:

ACÁ ME PONGO A CONTAR
AL COMPÁS DE NUESTRA HISTORIA
CON MÁS PENITAS QUE GLORIA
LA GAUCHESCA VIDA MÍA
LO HAGO SIN MUCHA ALEGRÍA
PERO CON MUCHO ENTUSIASMO
PUES ES LA HISTORIA UN MARASMO
DE ILUSORIAS FANTASÍAS
YA DESDE EL GRAN VIRREINATO
LOS GAUCHOS FUIMOS SIRVIENTES
DE ESTANCIAS Y VAQUERÍAS
Y HA SIDO TANTO EL MALTRATO
QUE ME RECHINAN LOS DIENTES
AL RECORDAR MALOS RATOS
Y TANTA OTRA PORQUERÍA

Quise decirle, al ver su dificultad para encontrar rimas adecuadas, que me lo contara en prosa
nomás pero no hubo quién lo sacara de la poesía y
siguió:

EN 1716 CERRARON LAS PULPERÍAS
EN LOS HORARIOS DE NOCHE
Y NOS PROMETEN AZOTES Y DEMÁS SALAMERÍAS
PA'L QUE ENCUENTREN SIN TRABAJO
CHUPADITO Y TOQUETEANDO A ALGUNA CHINA BRAVÍA
¡QUÉ INJUSTICIA, VEA, CARAJO!
SI PORTAMOS ARMA BLANCA

TE DEJAN ROJA LA ESPALDA
DE SETENTA LATIGAZOS
Y SI NO TENÉS TRABAJO Y TE PONÉS A CANTAR
AL CEPO, PREVIA GOLPIZA, DERECHO VAS A PARAR
¡POBRE GAUCHO SOLITARIO!
GRACIAS AL VIRREY CEVALLOS
NOS HAN FIJADO UN HORARIO
MÁS PROPIO DE LOS CABALLOS:
DESDE LAS CUATRO DEL DÍA
HASTA LLEGAR LA ORACIÓN
SIN CHINA Y SIN PULPERÍA
¡SE ME ESTRUJA EL CORAZÓN!
Y VERTIZ, VIRREY TAIMADO
DE ESTA CIUDAD PEREGRINA
CONDENA AL DESOCUPADO
CON CUATRO AÑOS EN MALVINAS
MÁS QUE GAUCHO, GUACHO SOY
SIN JUSTICIA NI IGUALDAD
MIRÁ QUÉ VIDA ME DOY,
CUÁNDO TENDRÉ LIBERTAD

Yo, al borde de las lágrimas, traté de darle ánimo diciéndole: "Ya llegará el 25 de mayo, el sol de ese veinticinco vendrá asomando y su luz en el Plata irá reflejando. ¡Ya verá, compañero, la aurora de libertad, de pronto todos seremos iguales!"

Me di vuelta y me encontré en un parque de diversiones lleno de luces y con barracas de varieté. Me pareció ver a la negra Dominga y la llamé. El gaucho venía detrás de mí bailando un malambo con boleadoras ante el aplauso de algunos turistas norteamericanos. Vi una tienda árabe donde entró la negra, yo la seguí y el gaucho me siguió a mí. La tienda estaba en penumbras pero una gran bola de cristal pendía del techo y se iluminaba paulatinamente; caminé hasta llegar a una mesa donde pude divisar a una adivina de largos cabellos blancos y extraña juventud en su cara llena de colágeno quien me dijo: "Soy clásica, moderna, eterna. Si adivinas quién soy te digo todo". "La Historia" dije yo con regocijo de sabelotodo. "¡Acertaste, divino! ¡Cómo te quiero!" Y empezó a darle a la lengua: "Desde ya te digo, amoroso, que la situación de gauchos y negros no va a variar a lo largo de mi recorrido vital. De los indios ni te hablo para no amargar tu corazón progresista de burgués culposo." Como una sombra densa un indio pétreo e imponente pasó por la tienda como si atravesara las lonas, me miró fijo y me espetó: "Fuera de mi territorio, no quiero libertad dada por los que me esclavizaron, el dueño de casa soy yo, los dueños de casa no discuten con los ladrones, no me interesa su historia blanca ni el destino gaucho de los huincas ni el sino negro de los que trajeron de África, todos intrusos, todos fuera." y se fue. La adivina siguió como si nada: "A partir de 1810 por una de las primeras circulares de la Junta se reclutará a los gauchos sin ocupación con un sistema llamado leva que consiste en entrar en sus sucios ranchos por la noche, levantarlos a patadas y culatazos, encadenarlos y llevarlos atados de pies y manos a menos que puedan comprar su momentánea libertad con caballos o algún otro bien. Los que tengan ocupación en estancias deberán tener la papeleta que lo habilitará como sirviente, la papeleta durará tres meses y si la pierden harán cinco años de servicio militar. En 1813 se van a abolir los instrumentos de tortura pero no los latigazos y cepos para gauchos, indios y negros que se resistan a la disciplina. En la época del restaurador Rosas habrá mano un poco más blanda para los negros a cambio de delaciones y servicio de espionaje a sus amos unitarios, pero los sistemas de levas y castigos correrán igual o peor.

"Después de Caseros, igual. Ahí van a aparecer los jueces de paz que perseguirán al gaucho pobre sin tregua. El gaucho sin trabajo vivirá el infierno del juez, el gaucho conchabado, con perdón de la palabra, estará obligado a hacer toda clase de tareas fuera de los horarios establecidos, incluidos los domingos, si el patrón lo solicita. Si hay que mandarlo a otro partido para realizar tareas tendrá que tener un documento donde conste el tiempo que le llevará su comisión. Si fuera encontrado fuera de ese tiempo o en otro lugar será arrestado por el juez de paz, se le impondrá una multa de 50 pesos. O sea si no trabajan, a servir al ejército por tres años, si trabajan, a cagarlos a golpes. Irán a la guerra del Paraguay donde morirán de a miles y miles y algún prócer como Sarmiento escribirá en una carta a Mitre: 'Mate a los gauchos, la sangre es lo único que tienen de humano y viene bien para regar la tierra.' ¿No te parece un amor? En cuanto a los negros todo igual. Se les prometerá libertad si hacen dos o tres años de milicia peleando en la primera línea de infantería. El que queda vivo será libre... Libre de entrar a trabajar en las mismas condiciones que los gauchos. Y del indio, mejor no hablar, '¡todo igual pero peor!', o sea para resumir, porque odio ser larguera, entre los muertos en las guerras de independencia, las civiles y la del Paraguay, las malas condiciones de vida, el rancho pobre con el mal de Chagas como un habitante más, los azotes, tormentos y fusilamientos, el gaucho quedará reducido al peonaje semianalfabeto, algo borrachín y absolutamente fiel, la conquista del desierto no dejará ni rastros de los indígenas, y todo lo anterior, más la fiebre amarilla, hará desaparecer a los negros del territorio nacional para que los argentinos miremos a los yanquis con desprecio gritándoles: '¡Racistas! ¡Nosotros no tenemos prejuicios contra los negros!' Que será tan absurdo como que un pingüino se enorgullezca de que en su territorio no existen fiebres tropicales pero, amoroso, la contradicción, el palabrerío inútil, las frases hechas y la trampa demagógica serán marcas de fábrica de nuestro delicioso país."

Y comenzó a girar y girar en una frenética danza, se convirtió en una calesita llena de luces y se perdió en el firmamento como un plato volador. De pronto, estaba yo solo ante una pampa seca y árida, sólo un ombú quebraba la monotonía, detrás de mí, la negra Dominga, el gaucho pobre y el indio altivo estaban atónitos y estáticos, giré hacia ellos quedando de espalda al ombú y oí un lejano galope, los tres marginales empezaron a temblar, la negra se puso blanca, al gaucho se le cayó la barba y al indio se le pararon las crenchas de su larga cabellera, algo veían que los aterrorizaba, giré de nuevo y vi nítidamente cómo un ejército de hombres blancos se acercaba al galope. De Sarmiento a Rosas, de Mitre a Alberdi, de Urquiza a Saavedra y de Belgrano a Roca, todos los jinetes tenían una sonrisa beatífica en sus recios rostros y de sus bocas patrióticas salía el grito de: "¡Nace la libertad para todos vosotros, oprimidos!". "Se levanta a la faz de la tierra una noble y gloriosa nación, coronada su sien de laureles y a sus plantas rendido un león". De pronto vi al león, era ¡el Rey León de Walt Disney y de rendido, nada! Bailaba contentísimo y cagaba dólares. La negra, el gaucho y el indio echaron a correr como alma que lleva el diablo, yo los seguí pero el león y todos los héroes me pisaban los talones, ya casi me agarraban, mis piernas me pesaban, la pampa se había convertido en un desierto de arenas calientes que no me dejaban avanzar. Me desperté empapado, el televisor estaba prendido, un noticiero pasaba el informe de un corte de ruta en el Sur, con desocupados y jubilados gritando ante la policía. Me pareció ver a la negra Dominga entre los manifestantes, pero no, no podía ser, ¡acá negros no hay!

Corso a contramano

Era un largo pasillo bastante ancho, cosa rara en una pesadilla, las pesadillas suelen trasladarnos a pasillos estrechos y lúgubres. No era éste el caso. El lugar era casi lujoso y las puertas que había a sus costados eran o de madera tallada color marfil o de acolchado capitoné rosa viejo. Las primeras parecían cerrar despachos de intrigas palaciegas, las segundas hacían intuir que del otro lado había bulines mistongos o *garçonnieres* donde sensuales cortesanas esperaban al cliente con piernas abiertas o traseros prometedores apuntando al norte.

Lo único poco confortable y pesadillesco era el piso que, hecho de mármol brillante, era sumamente resbaladizo. Yo mismo caí de culo al tercer paso y otra gente que deambulaba entrando y saliendo de los cuartos daba de panza, mandíbula o espalda en el suntuoso recinto.

Un elegante militar con peluca empolvada y

uniforme deslumbrante del siglo XVIII se desplomó cerca de donde yo había caído y dijo en perfecto francés: "*Merde! Quel horreur!*" Yo empecé a hablar en perfecto francés que sonaba a español como ocurre en muchos sueños y él a contestarme en francés también español.

Mientras dialogábamos tratando de reincorporarnos sin conseguirlo del todo observé que el magnífico uniforme estaba agujereado en varios lugares. Me pareció indiscreto preguntar el origen de esa desprolijidad en un señor tan bien trajeado y me hice el supergil mientras se desarrollaba nuestra conversación:

"No es la primera vez que resbalo. ¡Este país es tan confuso!", me dijo el francés. "¿Dónde estamos?", pregunté yo mientras trataba de recobrar el equilibrio. "En el salón de los pasos equivocados, acá estamos todos los que marchamos a contrapelo de la historia", me contestó el francés poniéndose en orden los agujeros de su chaquetilla y continuó: "Eso de pedir que me fusilaran con el uniforme puesto no sé si fue una buena idea".

Me pareció oportuno, a esa altura de la conversación, preguntarle el nombre, al oírme abrió sus ojos y me espetó: "¿Cuántos héroes franceses tienen ustedes en la Historia argentina? Mi cabeza de burro histórico buscó y buscó en sus archivos y sólo encontraba a Alain Delon y Platini hasta que recordé: "¡Liniers!" "Ha llegado usted a la estación

54

indicada", me dijo con sorna. Yo, ya agrandado, seguí: "Y esos agujeros son las balas del pelotón de fusilamiento que tronchó su vida a la edad de 57 años en Cabeza de Tigre en agosto de 1810".

"Ése fue el final y en ese momento mientras rechazaba la venda que me querían poner sobre mis ojos, vi con claridad toda mi vida... Un desacierto tras otro".

Se apoyó contra la pared y siguió: "En vez de pelear con mis compatriotas me pasé al bando español en 1774; en vez de quedarme en Europa a defender las monarquías en peligro me vine a América, más precisamente al Río de la Plata. Luego vuelvo a Europa y peleo con los españoles contra los ingleses. Cuando falta un año para la Revolución Francesa vuelvo al Río de la Plata y en vez de volver a Francia y plegarme a Napoleón que reinstaura el esplendor imperial de mi país en el mundo, me meto a defender a la corona española en las Invasiones Inglesas. El pueblo de Buenos Aires me glorifica, me nombra virrey y lejos de aprovechar esa ventaja, me hago odiar por oponerme a la revolución de 1810 que no es otra cosa que una defensa de la corona española contra la ocupación francesa y lo que el pueblo pide es seguir con la fidelidad al rey de España en contra de Napoleón. Entonces si yo estaba a favor de España y en contra de Francia aún siendo francés, ¿por qué organizo la contrarrevolución y me hago fusilar? ¿Por qué esta vida al pedo? ¡Siglos llevo buscando respuestas en este corredor de los desorientados y lo único que consigo es caerme de ojete! *Merde! Merde!* ¡Qué resbaladiza es la historia, *mon dieu!*". De pronto una mujer frágil y muy chiquitita vestida de negro apareció desde dentro de uno de los *garçonnieres*, era nada menos que Edith Piaf que tomando a su compatriota de la mano le cantó: "*Non, rien de rien, non je ne regrette rien!*". Liniers contestó: ¡Dichosa de vos! Y los dos cerraron la puerta acolchada.

No había salido aún de mi estupor cuando otro militar mucho más tosco que el anterior, resbalando torpemente por el pasillo, cayó sobre mí. Mientras rodábamos por el piso oí claramente un "¡Porca miseria!" que me hizo identificar la nacionalidad de mi compañero de desventura. "¿Italiano?", pregunté redundante. "¡No, senegalés!", contestó con desdén el tano y volvimos a hablar en español como si habláramos en italiano. Le iba a preguntar el nombre pero, antes de volver a meter la pata, hurgué en mi cabezota para ver si algún italiano había sido protagonista de sucesos históricos nacionales. Fue en vano. No tenía la más pálida idea de quién podía ser ese hombre que trataba de retomar una posición vertical. Me miró con lástima y jugando al amable me preguntó: "¿Monumento a quién hay en Plaza Italia?" Casi digo: ¡Al negro Falucho! Pero afortunadamente corregí la tarjeta postal en mi cabeza y dije con asombro: "¡¿Garibaldi?!" El tano se cuadró y gritó: "¡Garibaldi Pum!"; y volvió a caer de ojete. Yo traté de ayudarlo pero él prefirió quedarse en el suelo y comenzar su perorata: "Usted sabe que Italia es muy pequeña en comparación con la Argentina... Dicen que cabe en la provincia de Santa Fe... Es un pequeño país que, en lugar de unirse, vivió separándose en pequeñas republiquetas de 30 manzanas cada una, por decirlo exageradamente, después de todo los italianos siempre exageramos, es parte de nuestro encanto. Yo me dije: '¿Por qué no hacemos una Italia única que sea italiana?' ¡No! Reinos absolutistas, medievales casi, el Papa y su tiranía y encima los austríacos invadiendo el Norte, los españoles y franceses el Sur y la permanente amenaza de los turcos! ¡Unámonos, hablemos el mismo idioma y seamos fuertes! ¿Qué pasó? ¡Me dieron una patada en el culo en 1836, me condenan a muerte y escapo al continente joven! Llego a Brasil, me meto en la revolución, peleo, me derrotan y me paso a Entre Ríos, cruzo a Montevideo y de ahí a Río Grande. Me meto en otra revolución, me derrotan y vuelvo a Montevideo con mujer brasileña e hijo. Cuando estoy en Montevideo me uno a los colorados y Rosas a los blancos, me mandan al Almirante Brown y me hace bolsa, vuelvo a Montevideo y me muero de hambre porque de laburo ni me hablen a mí, lo único que sé hacer es revoluciones. Viene el sitio de Montevideo que Rosas apoya. Ahora, Rosas era nacionalista y yo también pero yo quería unidad y él Federación y los dos, ¡eso o muerte! Me la pasé luchando contra Oribe y Rosas hasta 1848. ¡Al pedo, vea! Y un día, mirándome al espejo, me pregunté: ¿Qué *cazzo* hago yo en estas revoluciones en vez de pelear por mi patria? Volví a Italia y luché 22 años más hasta que conseguí la unidad italiana 17 años después de que la consiguieran en la Argentina. Rosas murió en Inglaterra y yo siempre recordé a esa América del Sur como un lugar donde las ideologías están cambiadas de nombre, sentido y coherencia.

"Populistas y aristócratas pueden combatir en el mismo bando. Liberales y conservadores son la misma cosa y los nacionalistas se confunden con los entreguistas y extranjerizantes como si fueran del mismo palo. Mi Italia era un quilombo y no cabía duda de que lo era; aquella América era un gran laberinto donde el prostíbulo y el santuario estaban mezclados con tanta naturalidad que un revolucionario podía convertirse en un reaccionario en menos de lo que dura un pedo en un canasto. ¡E questo e tutto! ¡La comedia e finita!" Afortunadamente escapé a tiempo. Una puerta de uno de los bulines se abrió y de su interior emergió la volcánica figura de la gran trágica italiana Anna Magniani que, empujando al tano hacia adentro, exclamó: "¡Camina Garibaldi! ¡Camina! ¡Lascia perdere questo sacco di cretini!". El portazo fue terriblemente meridional y dejó flotando un aroma de tuco espeso.

De pronto, el pasillo rococó, frívolo y resbaladizo de los desorientados paracaidistas históricos desapareció y me di de narices con varias comparsas carnavalescas que iban a contramano. La obviedad de la imagen hizo que no hiciera ninguna de mis clásicas preguntas de retardado. Sólo tuve que leer el cartelón que portaban: los integrantes de la gran agrupación "Corso a contramano de la Iglesia, la izquierda y el Ejército Argentino" y así cantaban:

CRISTO, MARX Y SAN MARTÍN
SIENDO TAN DIFERENCIADOS
CON LA CRUZ, LA HOZ Y EL CLARÍN
LAS MISMAS ÓRDENES HAN DADO:
QUE AL POBRE HAY QUE PROTEGER
Y CON EL POBRE HAY QUE ESTAR
Y QUE HAY QUE HACERSE ENTENDER
POR EL POBRE Y AYUDAR.
MAS LAS BOTAS Y LOS REZOS
CON HONROSAS EXCEPCIONES
HAN MANDADO AL POBRE PRESO
Y HAN COBRADO COMISIONES
Y LA IZQUIERDA INTELECTUAL
CON LA CABEZA COPADA POR SOVIÉTICO CICLÓN
SE OLVIDÓ DE TRADUCIR SU DISCURSO Y LE DIO IGUAL
MARTÍN FIERRO O MAO TSE TUNG, GUEVARA,
TROTSKY O PERÓN
Y ASÍ FUE QUE EL PROLETARIO
DE LA NACIÓN ARGENTINA
TUVO UN CORSO A CONTRAMANO
EN SU MENTE PEREGRINA
Y AL ENCONTRAR EN LA IGLESIA
SÓLO LA RESIGNACIÓN
Y AL RECIBIR DE LAS BOTAS

TAN SÓLO LA REPRESIÓN
Y DE LA IZQUIERDA UN DISCURSO
INTELECTUAL Y COQUETO
QUE PASABA DE LAS BOMBAS
A COMPLICADOS CONCEPTOS,
SIEMPRE FUE LA FÁCIL PRESA
DE PROFETAS Y ESPEJISMOS
QUE LES LLENAN LA CABEZA
DE PREJUICIO Y FACILISMO
¡Y NOS VAMO, Y NOS VAMO
VIVA EL CORSO A CONTRAMANO!

Y ahí nomás se armó un desbande y en caótica corrida con resbalones, tropiezos y puertas que se abrían y se cerraban como en las comedias de alcoba, vi pasar al cambalache nacional.

Uno de izquierda gritaba: "¡Hay que votar contra Perón, es fascista!" y se metía en un bulín, salía corrido por otro zurdo que gritaba: "¡Ahora hay que apoyar a Perón porque ahí está el pueblo!" "¿Y López Rega?" bramaba una joven con boina roja. "¡Lo manejamos!" contestaba un joven de suéter negro.

Curas y milicos entraban y salían con distintas consignas tan contradictorias como las anteriores hasta que una música árabe paró el desconcierto y un inconfundible acento paralizó el caos en tanto que un grito sordo unió a la multitud: "¡Cotur!", "¡Cotur!", "¡Cotur!" musitaba el gentío. Mientras el musulmán sonreía y hablaba con tranquilidad y convicción: "Se acabó el desoriente, de Oriente llegó la orientación, yo lo tengo más claro que el agua, la única verdad es la realidad, me extraña muchachos... Síganme que no los voy a defraudar... Yo sí que soy la persona indicada en el momento justo, después de mí... yo otra vez y si me voy, volveré, volveré, volveré, volveré!" Hubo vítores, pedorretas, aplausos, desmayos, apoyos, llantos y descomposturas entre los desorientados. Me desperté con la garganta seca, me levanté y tropecé con mis pantuflas, llegué a la ventana, la abrí y vi a la espléndida Buenos Aires amaneciendo como si nada, aspiré profundamente su humedad y su esmog, su contaminación y su magia y le dije: ¡En vos, capital de este hermoso país, en vos quiero depositar mi admiración y mi asombro para que hagas extensiva a todas las provincias desunidas del Sur mis felicitaciones...! ¿Cómo hacen para aguantar a sus habitantes y seguir siendo tan lindas? ¿Cómo no se han desintegrado al ser testigo de tanta equivocación? ¿Cómo, a pesar de todo este corso a contramano, todavía late la esperanza? ¡Por mucho menos, hay países que ya no existen! Un borracho que pasaba por la calle gritó: "¡Viva Perón, carajo!". Ya no soñé más por esa noche.

Cuando Puerto Madero era pobre ¿viste?

Era Puerto Madero, juro que era Puerto Madero. Se veían los galpones, setenta galpones y ningún restaurante. Pero era Puerto Madero, un Puerto Madero premeneménico. Yo dormitaba en un banco de madera pintado de verde oscuro; unos pasos retumbaron en la soledad del muelle; eran los pasos seguros de un señor de buen ver y maneras aristocráticas que se acercaba seguido de algunos hombres, mujeres y niños pobremente vestidos al estilo inmigrantes de fin del siglo XIX. El grupo con el bacán a la cabeza se dirigía hacia mi banco. Yo, no sé por qué, intenté hacerme el dormido pero una patada bien de puntín metida con acierto digno de un Maradona y dada por el botín con polaina del elegante señor echó por tierra mi intento de no involucrarme en lo que intuía como una maniobra tramposa. "¡Levantate, vagoneta!" me espetó el aristócrata. "¿De qué barco bajaste, gringo bestia?", continuó con cautivante autoritarismo. "¿De qué país venís? ¿Sos tano bruto, gallego sucio, franchute roñoso o judío de mierda?" inquirió con un tono monótono y ultracajetilla. Yo preferí seguirle el tren y canté con acento castizo, como si el espíritu de Doña Concha Piquer me hubiera poseído: "¡De España vengoooo! ¡De España sooooy!" y ahí me tuve que aguantar el discurso del niño bien: "Oíme che, y oiganmé todos, acaban de llegar a la tierra de paz y tienen el honor de hablar conmigo, representante de lo mejor de *la crème de la crème*, con un hijo de los pro-hombres que hicieron este país, de los que aplastaron al indio, exterminaron al negro y domaron a lonjazos a los gauchos cuatreros y lo mismo vamos a hacer con el compadrito patotero de las orillas. Mi nombre es Ramiro Álvaro de la Sarna Cajetilla Zanganoville o'fucking burgueseroff y paso a informarles la suerte que han tenido al llegar a esta lejana orilla rioplatense. Supongo que habrán gozado del confort de nuestro Hotel de Inmigrantes donde los hemos dejado instalarse por cinco días". Uno de los inmigrantes espetó: "¡Bella porquería e questo hotel!". Otro acotó: "Había más piojos que gente", y una mujer agregó: "¡Y ya es mucho decir porque el hacinamiento era terrorífico!" Don Ramiro Álvaro fijó sus negros ojos de águila en la mujer y díjole: "¡Tu lenguaje es culto y peligrosamente subversivo! ¿Cuál era tu profesión en España?" La mujer contestó airada-

64

mente: "¡Maestra, pues!" La visión de Lucifer hubiera espantado menos a Don Ramiro Álvaro que el anuncio de la hispánica docente. Con los ojos fuera de las órbitas gritó: "¡Acá no quiero carpas blancas!". Sólo yo podía entender el significado de aquellas palabras. Al grupo de inmigrantes no se les movió un pelo. Pero la gallega docente contestole al burgués sin ningún remilgo: "¡Pues ve a tomar por culo, maricón!" Pegó media vuelta y desapareció en la noche finisecular.

El cajetilla siguió con su perorata. "Como comprenderán nada es gratis en esta vida y ustedes tendrán que bailar al compás de nuestro pericón y no al de sus jotas, muñeiras, tarantelas y tijeras. Acá las cosas son así. Después de la gloriosa Campaña del Desierto hemos ganado al hereje miles y miles de hectáreas que ustedes cultivarán ateniéndose a estas democráticas y cristianas reglas: utilizarán la trilladora del propietario, mantendrán un cierto tipo de ganado y en cierto número, la cosecha no se la podrán vender nada más que al propietario y al precio que al propietario se le cante y se le chifle en las entretelas del calzón, sembrarán lo que se les indique, y no cualquier semilla, no tendrán aves de corral para vender, entregarán el campo alfalfado y sin cobrar ni un céntimo por esa y cualquiera otra mejora, renunciarán al fuero local en caso de litigio y el arrendamiento será de un año o dos cuantimás". Paró para respirar y ahí nomás un tano aprovechó para meter un bocadillo: "Ma esto e una estafa, por un año ni me conviene gastar lo poco que tengo en una casita decente, ni un corral, ni un porco árbol frutal y encima arreglar todo sin recibir una lira... osté é el propietario e io io ¿qui sono io? ¡El propio-otario! ¡Maledetto cane!" El cajetilla sacó un bastón y blandiéndolo cual cimitarra gritó: "¡Uri via anarquista!". El tano hizo un corte de manga y se hundió en la niebla. El bacán se recompuso y adoptando un tono amable continuó: "No hagan caso a estos subversivos, ustedes podrán construir un ambiente único tipo loft, ¿viste? Construido con tierra (más ecológico imposible), algunos palos estilo provenzal rústico y chapas de hierro que dan frío en invierno y calor en verano para que no pierdan la noción del clima reinante, el hábitat será entonces cocina-fogón-comedor-sala de estar, dormitorio todo en suite con piso de tierra, techo de zinc, herrería al aire libre tipo porche inglés con herramientas a la intemperie, sin olvidar una moderna palangana supersobria de loza cachada blanca sin la más mínima cargazón decorativa y un moderno pozo o, si hablamos de más confort, un aerodinámico aljibe. No habrá baño así no tendrán que soportar el nauseabundo aroma de sus excrementos y utilizarán como sanitario la anchurosa pampa argentina. Al que le guste bienvenido, al que no le convenga puntapié en el trasero por no decir patada en el culo, cosa que mi educación no me permite. ¡Que les garúe finito y adiós, que les vaya bien!"

El bacanazo pegó media vuelta y desapareció como si se lo hubiera chupado la atmósfera húmeda y pegajosa de aquel amanecer.

Los inmigrantes se miraban entre sí desorientados y sin saber qué decir hasta que una joven rompió el fuego y dijo: "A mí me agarró en Varsovia un tipo que me dijo que necesitaban gente para trabajo ventajoso que ninguna chica de buena presencia debería rehusar; yo pensé: puta en Varsovia o puta en Buenos Aires da igual y por lo menos salgo por el mundo. Y ahora me encuentro que lo que quieren es agricultoras. ¡Ni mamada, me quedo en la Capital y que Dios me coja confesada!".

Un hombre agregó: "Yo pedía limosna en Roma. ¿Y ahora me quieren hacer plantar maíz? ¡No! ¡No y no! Yo me quedo en la Capital.

Una familia compuesta por padre, madre y dos hijos pequeños dijo al unísono: "¡En Galicia había miseria, en este país hay comida, allá iremos donde sea a trabajar como burros, juntar mucha plata y volver a Galicia forrados!"

Un mendigo que andaba por el puerto comentó: "¡Ay, estos gallegos! ¡Siempre creyendo en utopías! ¡Juntar plata y volver! ¡Que me lo cuenten a mí que hace años que vago por este puto muelle a ver si alguien me lleva de vuelta a España! ¡Estos tíos recolectaron cualquier cosa en Europa y ahora se han avivado y los traen pa' cultivar sus campos, explotarlos y pagar mierda! ¡Así es fácil ser un país rico! Producen cereales baratos gracias al bajo nivel de vida de los agricultores! ¡Mueran los explotadores!" Un perro acompañaba al mendigo y rubricaba con ladridos de aprobación la arenga del hombre hasta que en un momento el protestón lo hizo callar diciéndole: "¡Callate, Santillán! ¡Ya ladrarás más claro al fin de este siglo!", y perro y hombre se perdieron en la noche.

Bronca en el conventillo

Hay bronca en el conventillo. Se huele en el aire. El Tano Giusseppe, el Gallego Paco, el Turco Alí y el Judío Samuel están que arden. Sus respectivas familias tratan de calmarlos pero no logran su objetivo. Y yo estoy allí con una delegación de los dueños para que paguen los alquileres atrasados. ¿Por qué un rol tan antipático? Tengo que comer más livianito a la noche para no tener pesadillas tan desagradables.

El Tano mueve las manos con ímpetu mientras lanza su reclamo:

"¿¡A osté le parece!? ¡Vivimo como animales!"

El Gallego agrega:

"¡Peor! ¡Somos cinco o seis por habitación, sin duchas ni letrinas!"

El Ruso se pone verde y acota:

"¡No se poide ni cocinar! ¡El brasero en la puerta y los días que lloive dentro de la pieza! ¿A vos te parece chei, patrón?"

El Turco se agarra la cabeza y dice:

"¡Turco vende boina y peineta, vende barato turco pero alquiler me lleva todo!"

El Moishe agrega:

"¡El veinticinco por ciento, yo hizo cálculo! ¡O arreglamos o no pagamos más!"

Hay un compadrito bien porteño dando vueltas por ahí quien, mirando de reojo, dice con cierto desdén:

"¡Qué tanta queja! ¡Si no les gusta, vuélvanse a sus países, a ver si allí los van a dejar hablar! ¡Acá los que estamos jodidos somos los hijos del país que por culpa de esta chusma nos quedamos sin trabajo!"

Y ahí saltan las cuatro familias juntas y dicen en una endemoniada media lengua:

"¡Ma qué laburo! ¡Vos naciste el 1º de Mayo, haragán! ¡Si no fuera por nosotros en este país nadie trabajaría, vagoneta, vividor! ¿Te crees que no sabemos que explotas a mujeres? ¡Rufián! ¡Mazcalzone! ¡Mishiguene!"

Y el compadrito pela cuchillo y encara:

"¡Gallego asqueroso, Tano sucio, Turco roñoso, Judío de mierda! ¡Así está el país! ¡Anímense, vengan, peleen cobardes!"

De una de las habitaciones sale La Paloma, mujer del compadrito, gritando: "¡No te pierdas, Gorosito!" A lo que la Gallega increpa: "¡Ya está perdido hace rato, desvergonzada!"

70

Y ahí empiezan las mujeres con un "intercambio cultural" del que emergen medianamente audibles vocablos tan pulidos como: "¡Atorranta, loro, conventillera, desfachatada, guaranga, sucia y puta!" La comisión patronal aristocráticamente espera con cierto placer morboso que se maten entre ellos. Yo no puedo aguantar la situación y salgo del conventillo. Pienso, mientras recorro una Buenos Aires mítica de taitas y compadritos, en las leyendas argentinas y en los cuentos de hadas que me han contado acerca de la "Tierra de Paz" que fue mi querida patria, y los comparo con la realidad pesadillesca de mis sueños:

Al doblar una esquina tropiezo con Don Domingo Faustino Sarmiento, un habitué en mis pesadillas, quien me dice: "¿Ha visto m'hijito? ¿Ha visto que no es oro todo lo que reluce? Desde 1810 hasta 1860 el crecimiento de la población ha sido de 18.000 por año. Entre 1880 y 1886 el promedio de inmigrantes es de 80.000 por año y sólo en 1889 entran 261.000 y a partir de 1900 es todavía mayor el ingreso de extranjeros." Yo no quiero dejarle pasar una y le digo: "¿Y cómo sabe usted datos con fechas posteriores a su propia muerte?". El bastonazo no se hace esperar y, mientras me protejo de la golpiza, oigo la voz del prócer gritándome: "¡Porque soy inmortal, pedazo de bestia! ¿Qué te han enseñado en la escuela, malandrín?". Yo trato de

71

huir pero el maestro no me deja y mientras me persigue grita a los cuatro vientos: "Acá todos vienen a obtener riqueza. Al campo, nadie. Todos acá, en Buenos Aires, ciudad de foráneos que se vaciará por una seca prolongada o por una guerra extranjera". Me trepo a un carruaje que pasa a gran velocidad y caigo exhausto entre varios aristócratas que no interrumpen su conversación salvo para preguntarme: "¿Va para el Jockey Club?". Yo asiento por temor a que Don Domingo me alcance y me vuelva a cagar a bastonazos, y soy testigo de la siguiente conversación:

"Es inaudito este auge de clase media gringa que amenaza nuestras tradiciones" dice un bigotudo, y un barbeta agrega: "Los dueños de la tierra somos nosotros, estos extranjeros y sus hijos se agrandan día a día y están queriéndose instalar industrias ¿se imaginan? Industrias argentinas manejadas por gringos; ¿y nuestra fidelidad a los productos británicos? ¿Pretenden que a mis hijos yo les regale juguetes fabricados en el país? ¡Nosotros tenemos el trigo, las vacas, el maíz y las ovejas, ése es nuestro sello y nuestro orgullo nacional! ¿Nos vamos a dejar avasallar?" "¡No!", gritaron los otros cogotudos; el barbeta, envalentonado, siguió: "El poder público nos corresponde y no será patriótico dejarlo en manos de los sectores más pobres. ¡Les estamos haciendo a los pobres el gran favor de gobernar por ellos, se ahorrarán así dolores de cabeza y decisiones clave que requieren inteligencia y cultura que ellos no tienen!" Una señora que viaja en el carruaje y que hasta ahora no ha hablado acota: "Y hay que privatizar todo lo que se pueda, cuando una empresa es del gobierno no se puede reclamar nada, ni controlar. ¡Abrámonos a las inversiones extranjeras, limitemos a los gringos y defendamos nuestra alcurnia!". El coro gritó: "¡Bravo, Mariju!", y yo, no pudiendo con mi genio y con una valentía soñada, les contesté: "¡Disculpenmé pero no sé de qué alcurnia me hablan. Acá somos todos descendientes de negociantes y chacareros, eso lo sabemos muy bien. Pero todo el mundo se esfuerza por hacerlo olvidar, y en tal caso, el que está más lejos de su abuelo pulpero, tendero, zapatero o criador, es el más aristócrata!".

Debería haberles aclarado que no eran palabras mías sino de Roberto J. Payró, pero no es necesario, todos me miran con desprecio y uno me increpa: "¡Y pensar que bestias como ésta van a poder votar y su voto va a valer igual que el mío!". Otro agrega: "¡Voto calificado tiene que haber o si no fraude patriótico para salvar al país de la chusma gringa! ¡Viva la inversión extranjera, importemos lo mejor del mundo para nuestras casas, abajo lo estatal, viva lo privado, muera la mediocre clase media!" Todos gritan al unísono, la carroza se transforma en calabaza al sonar las doce y yo estoy tirado en un camino solitario, veo venir a Don Domingo otra vez, pero en esta ocasión no me amenaza con el bastón, se acerca y me ayuda a levantar del suelo mi humanidad mientras me dice: "¿Vio lo que son? No, si yo tuve razón cuando les grité en el Congreso: ¡Aristocracia con olor a bosta!". Yo apenas salgo de mi asombro y le pregunto: "¿Por qué tanta contradicción Don Domingo? Usted a veces es progresista, a veces reaccionario, siempre autoritario, en unas ocasiones nacionalista, en otras, extranjerizante, adalid de los pobres o defensor de los ricos con la misma vehemencia, cuando emigra a Chile graba en una piedra 'Las ideas no se matan' pero las graba en francés. ¿Quién podía saber francés en esos páramos? Se peleó con el gobierno de Chile, hizo una campaña periodística en contra de Rosas brillante pero un poco al cohete porque la inmensa mayoría del pueblo no sabía leer y los que sabían eran unitarios que ya estaban en contra antes de leer sus artículos, o federales ricos que ni pensaban en leerlos porque, dijera lo que dijera, seguían defendiendo a Rosas; es violento y su verba está llena de exabruptos pero ha hecho por la educación nacional más que nadie de los 'bien hablados'; gobernó con oposición del Parlamento y se la bancó piola pero intervino provincias por problemas menores; jamás se mezcló en las elecciones y dio plena libertad a los partidos, desde el Parlamento hizo muchas cosas buenas y después, siendo presidente, llegó a decir que podría pres-

74

cindir de él; criticó a los porteños y después los elogió. Cuando fue ministro se cagó en las posiciones del presidente Avellaneda y cuando fue presidente afirmó que los ministros eran simples secretarios. ¡De sólo enumerar sus contradicciones quedo mareado, Don Domingo!" El maestro me miró fijo, sonrió y me contestó con una pregunta: "¿Usted es argentino, marciano, nació de un repollo, un huevo, lo trajo la cigüeña o se cayó del catre? Si usted es argentino, como me temo, no debería asombrarse... País generoso si es que los hay, la Argentina jamás ha salido y, me animaría a decir, jamás saldrá de las contradicciones. Primero: porque es normal que entre humanos existan, y segundo porque es comodísimo poder explicar todo encogiéndose de hombros y diciendo: ¡son mis contradicciones! Pero, además, porque debe haber pocos territorios tan benditos por Dios y la naturaleza, de tanta riqueza potencial y capaz de producir alimentos para una gran parte de la humanidad, eso genera una sensación tan plena de estar en el mejor lugar del mundo que es casi lógico que se produzcan las dudas y las contradicciones: ¿nos merecemos este premio? ¿Por qué nosotros y no los nigerianos? ¿Si tenemos todo por qué tantas veces no tenemos nada? Dios ha sido demasiado bueno con nosotros, por eso, para no ser injusto con el resto del planeta, nos castigó con la contradicción, la frivolidad, la arbitrariedad y el sentimiento de no-pertenencia que nos hace hablar de este país y no de nuestro país. ¿Entendió, zapallito? ¿Entendió por qué siempre hay bronca en el conventillo?" Se pierde en la niebla el maestro, y yo estoy de nuevo en el patio del conventillo donde La Paloma baila un tango con Gorosito ante la mirada atenta del Turco, el Ruso, el Tano y el Gallego que intentan aprenderlo con sus mujeres.

Gorosito me mira y me dice: "A estos gringos no los para nadie. Este país se va a pique, Don." Y yo apenas musito: "Nuestro, no este, Gorosito". Me voy silbando bajito y mientras me voy despertando pienso, siempre igual: "¡Extranjeros malvenidos, privada o estatal, clase media amenazada, clase baja abombada por un discursito patriótico para fuera y extranjerizante para adentro, próceres defendidos o defenestrados, polémicas al pedo, desalojos de pobres y siempre bronca en el conventillo!".

Centenario

Era Buenos Aires, de eso estaba seguro. El Cabildo y la Avenida de Mayo me lo reconfirmaban. Pero ¿estábamos en guerra? ¡No! ¡Ni en sueños! Entonces, ¿qué eran esas calles rotas, tierra removida en montañas aquí y allá, pilas de adoquines y obreros extranjeros trabajando a destajo bajo la mirada atenta de capataces severísimos?

El viento era fresco, como si estuviéramos en otoño, mayo para ser más exactos, y así me lo confirmó la charla de dos señoronas muy copetudas tratando de eludir los obstáculos. "¿Pero has visto cómo se nos vino el 25 de Mayo encima, Finita?" Finita era muy gorda y tropezando con una baldosa floja se aferró al brazo de su interlocutora mientras contestaba: "¡Y ahora la que se te vino encima fui yo, Monona!". Ahí las dos cotorras: "Oíme, Finita, esto del centenario me parece adorable más allá de los trastornos, imagínate, viene la Infanta

Isabel de Borbón". Finita, impertérrita, acotó: "¿Infanta? ¡Pesa como cien kilos, che! ¡Es una vaca!". "Mira quién habla", espetó Monona, definitivamente más oficialista que Finita, "¡será una vaca, pero es una vaca de la realeza! ¡Además viene Clemenceau y para mayor delicia te informo que la policía le ha prohibido hablar sobre socialismo, la sociedad, agradecida, sobre todo nosotras que hablamos francés y somos señoras! ¡Además llega Guillermo Marconi y el presidente de Chile y el príncipe de Orleáns y Bragance, Anatole France, Blasco Ibáñez, Jean Jaurès y Don Ramón del Valle Inclán! ¡Que digan ahora que no somos más que una gran aldea!" A lo que la gorda Finita contestó: "Somos una gran aldea llena de celebridades que vendrán, saludarán y se irán en pocos días y nos dejarán otra vez solas y añorando esa Europa tan lejana y que nosotros tratamos en vano de recrear en este Cul du Monde, Mon Cherie." Monona estaba abatida y se sentó en una pila de adoquines para filosofar. "¡Vous avez raison, my darling, estamos rodeados de gringos con pretensiones que quieren acceder al poder, gringos recién llegados que nos miran con cara de pocos amigos desde sus conventillos y anarquistas tirabombas como Simon Radowitzky que acaba de matar al jefe de policía, Don Ramón Falcón, y nuestros hijos, niños bien, visitan notorios prostíbulos!" La gorda Finita interrumpió: "Siempre dije que era más divertido ser prostituta que señora, las atorrantas ven a nuestros maridos, hermanos e hijos más tiempo que nosotras, a ellas les cuentan sus secretos y los políticos y militares, abombados de champagne y perfume barato, escupen sus planes y estrategias como en nuestras casas jamás lo harían. ¡Si no estuviera hecha un tonel, te juro que cambiaba el lugar con cualquiera de ésas!". Monona, horrorizada, exclamó: "¡Dios te perdone, hereje! ¡Ya hemos tenido este año el Congreso Feminista Internacional y yo creía que había escuchado todo de bocas femeninas rebeldes, pero lo tuyo es de vergüenza, Finita! Debe ser ese cometa Halley que trae todo tipo de calamidades ¡lo único que falta es que me digas que perdiste tu abono del Colón! ¡Me imagino que vas a ir a oír a Titta Ruffo en 'Rigoletto'!"

Finita la miró y dijo: "Dormir por dormir, prefiero ir al Odeón a escuchar a María Guerrero y su Compañía", a lo que Monona largó: "No sé qué me pasa con el teatro en Español... No lo entiendo, *vous comprenez?*". "*Oui, je comprende, mon petit*", dijo la gorda condescendiente. "¿Por qué no probás oírte alguna vez, puede llegar a ser una gran experiencia"... Monona, sin duda, dijo: "*Jamais!*"

"*Allons!* ¡Apúrate, Jamona, tenemos que llegar a la sociedad de beneficencia, no te olvides que hoy entregamos diez premios a la virtud a otros tantos muertos de hambre que sobreviven en la miseria sin protestar! ¡A esa gente hay que gratificarla!" Finita acotó mientras se iba: "¡Sí, ya sé, les regalamos frazadas, chocolate y ropa para los chicos, un día nos van a colgar a los ricos!". Monona acotó: "¡Si es por eso, vos quedate tranquila, rompés la soga, y hacés caer al árbol y si caés, la grasa te va a amortiguar el golpe!", y se fueron entre paladas de tierra que salían de los pozos de "Hombres trabajando". Los obreros que trabajaban me hicieron señas y se oyó al tiempo un silbato y una voz que exclamó: "¡Diez minutos pa'comer!" Un obreracho fortachón sacó un cacho de pan y algo parecido a queso provolone y me ofreció un bocado: "¿Gusta?" Y yo, que ni en sueños puedo despreciar nada que sea comida, agarré viaje y pregunté: "¿Mucho trabajo?". El obrero me miró fijo y me largó su discurso: "Por suerte, mucho. Sí, porque cuando no hay es peor... estamos limpiando la casa pa'que los ricos de acá agasajen a los ricos de allá y les hagan creer a los pobres de acá que estamos festejando a los hombres de 1810 cuando lo que estamos haciendo es festejar a los de 1910, o sea a los oligarcas, como esas dos viejas de recién. Mucha ópera, mucho Colón, mucha María Guerrero y no paran ahí, va a haber desfiles, regatas internacionales y una fiesta marítima en la que barcos de todas partes del mundo presentarán botes decorados de las formas más extravagantes en medio de lucerío de bengala, cohetes y gran iluminación eléctrica, bailes a granel festejarán la gloria del centenario de Mayo, se correrá un gran premio en el Hipódromo y a los chicos de todos los colegios se los hará hacer un plantón desde las ocho de la mañana pa'que canten el himno, participen del tedéum, vean el desfile y admiren las luces eléctricas con las que resplandecerá la Reina del Plata comenzando un nuevo siglo de libertad." Me parecía estar escuchando a un promotor de alguno de los eventos programados para el año nuevo del 2000 pero bien pronto, el rostro ensombrecido del obrero me llamó a la realidad de aquel sueño y me dijo al oído: "Si es que pueden parar la huelga que los anarquistas preparamos para el día 25, no tenemos vivienda, los salarios son una miseria, vamos a poner una bomba en el Colón para vengarnos de los ocho muertos y cuarenta heridos de la reunión del 1º de Mayo del año pasado aquí en plaza Lorea. ¡Libertad a los presos políticos, justicia al inmigrante trabajador! ¡Viva la anarquía!" Mi desesperación por hacerlo callar era inmensa pero sólo atiné a salir corriendo al tiempo que el obrero desplegaba una bandera roja y un montón de guardias a caballo blandiendo sables al mejor estilo "Policía del Zar" avanzaba sobre mí. Corrí, corrí y corrí (carajo, ni en sueños logro ser valiente) y de pronto luces de colores, fuegos artificiales, que en el cielo azul claro de una noche estrellada escribían "1810 centenario 1910", me hicieron ver que, como de costumbre en mi ciudad, todo puede estar patas arriba pero cuando se trata de

festejar triunfalmente, tapamos baches, protestas y
diferencias y nos sentimos derechos y humanos.

Periodismo dependiente

Ahora soy periodista. ¡Sí! ¡Es la pesadilla que faltaba! Estoy en una redacción antigua. Los biblioratos apilados me muestran desde sus lomos y escritos con letra gótica los años 1916-17-18-19... Estoy en pleno yrigoyenismo. Me acaban de ordenar que le haga un reportaje al presidente, Don Hipólito, el Peludo, como le dicen amigos y enemigos, correligionarios o adversarios. Y allá voy en cabriolé hacia la Casa Rosada.

Buenos Aires es una gran ciudad que va dejando atrás a la gran aldea. El paisaje ya es habitual en mis pesadillas: de vez en cuando la fidelidad histórica es alterada por alguna visión premonitoria; al pasar por el Congreso, por ejemplo, veo en un flash la carpa blanca, ¿será que los docentes vienen siendo los penúltimos orejones del tarro y por lo tanto se me aparecen con sus reclamos en cualquier época de nuestra pequeña historia?

Hay embotellamiento en las calles llenas de baches y pozos más eternos que la injusticia y más porteños que la humedad. La Casa Rosada, la Catedral y el Cabildo, mudos testigos de una historia de cangrejos indecisos (cuatro pasos para atrás, uno para adelante, tres para atrás, uno al costado derecho, dos para adelante, cinco atrás y dos para la izquierda), de perros que se muerden la cola y giran y giran en el mismo lugar gastando energías al cohete para terminar destruidos y enterrados en el pozo que en sus locas vueltas ellos mismos han cavado.

Dejo de elucubrar metáforas zoológicas decidiéndome por elegir como animal representativo de nuestro medio pelo al avestruz o ñandú... Pomposo, grandote al pedo, de vistoso plumaje, huevos chicos y negador de la realidad con su clásico esconder la cabeza en la tierra para conjurar los problemas externos.

Los granaderos de la entrada me abren paso y salteándome un camino lleno de secretarios, edecanes y filtros varios, llego al austero despacho del Peludo... que me dice junto con los buenos días...: "Pregunte rápido porque tengo cosas más importantes que hacer".

Yo no me hago rogar y empiezo:

YO: ¿Cambió el orden vigente en el país la llegada del radicalismo al gobierno?

PELUDO: Ascendió la clase media al poder.

¿Usted cree que eso puede ser un cambio radical, más allá del nombre de mi partido? ¿Usted cree que se puede limitar a la oligarquía ganadera?

YO: Pero usted ganó las elecciones y...

PELUDO: Raspando las gané. Tengo la Cámara de Senadores en contra, gobiernos ultraconservadores en todas las provincias, he apoyado varias veces a la Iglesia oponiéndome a la ley de divorcio pero la Iglesia me sigue viendo como sospechoso, la Suprema Corte de Justicia no me puede ver, la prensa seria no me toma en serio, dentro de mi mismo partido me retacean el apoyo y preferirían a Alvear en el poder. El Ejército es claramente opositor a mí y los sectores obreros socialistas y anarquistas me hacen la guerra y me acusan de no ser ni chicha conservadora ni limonada comunista. Apoyé el movimiento reformista universitario en Córdoba en el 18 pero los estudiantes me miran con recelo, apoyé la necesidad de defender el patrimonio nacional, fundé YPF, por ejemplo, y eso me trajo la animosidad de los liberales conservadores. O sea, no me pueden ver los sectores demasiado definidos pero yo insistiré en mi intención de lograr una posición intermedia, la cual es mi máximo objetivo. Soy personalista, tengo carisma pero soy muy introvertido, no hago pública mi vida privada y detesto la vida social mundana y las aventuritas sentimentales con tonadilleras, bataclanas o cortesanas de sociedad. Como si todo esto no bastara y por el mismo precio me toca una época donde la situación internacional incluye las delicias de una guerra mundial en la que somos neutrales —pero ya se sabe que a la larga nadie es neutral—, la revolución mexicana y la revolución comunista en Rusia. ¿Quiere que le diga? Si llego a cumplir el período, hago una fiesta y vea que yo ¡de fiestas ni hablar!

YO: ¡Lo veo muy peludo!

PELUDO: ¡Así me llaman, ya lo sabe usted!

YO: No, yo decía que veo muy peludo su oficio, el de gobernar... ¿le puedo preguntar por la Semana Trágica, la huelga de la Patagonia y las de los frigoríficos?

PELUDO: Reprimí y me criticaron los reprimidos, lo cual suena lógico, y los represores, lo cual escapa a mi entendimiento.

Un flash: me pareció ver a Alfonsín asintiendo con la cabeza y con una expresión apesadumbrada de no muy felices Pascuas... Pero ese flash es seguido por un ¡gong! Como en los rings de boxeo... El Peludo se levanta, le pone la Banda Presidencial a Alvear y el superbacán ocupa el sillón y sigue el reportaje como si tal cosa.

YO: ¿Seguirá usted la política yrigoyenista?

ALVEAR: *Laissez faire laissez passer*, como dicen los franceses, yo soy un aristócrata liberal moderno y *bon vivant*... detesto los excesos conservadores con sus bombachas camperas confeccionadas en tela británica y sus prejuicios dignos de la peor Edad Media. Ya sabrá usted que me casé con una diva de ópera, Doña Regina Pacini, lo cual indica amplitud de mente y buen oído musical y no vaya a creer que tener buen oído no es importante para un presidente en la Argentina... acá hay que tener orejas atentas para detectar conspiraciones y olfato de sabueso para oler climas enrarecidos. Yrigoyen estuvo bien, fue un paso necesario, pero yo soy otra cosa. Me toca una Argentina de vacas gordas y pienso aprovecharla. ¡De mí se dirá cualquier cosa menos que fui deshonesto!

¡Otro gong! Yrigoyen vuelve mucho más viejo y se sienta en el sillón. Yo continúo con la larga nota.

YO: ¿Qué edad tiene?

PELUDO: Setenta y seis.

YO: ¡Un pibe!

PELUDO: Hay crisis en Wall Street. ¡Dicen que la gente se tira por las ventanas ante la ruina! ¡Siempre bailo con la más fea, carajo! ¡Pero acá todo va bien... yo leo los diarios y todo está bien!

¿Para qué decirle, uniéndome a los chismes, que los diarios que lee se los fabrican sus seguidores para mantenerlo aislado, más aún de lo que ha estado siempre?

El gong esta vez es una marcha militar y el traspaso de poder es una patada en el traste que un milico con cara de pocos amigos le encaja al anciano presidente. Es Uriburu que me mira fijo y me dice: "¡De frente march! ¡paso de ganso! ¡cuerpo a tierra! ¡carrera march, firme!" y la patada que me encaja la siento hasta el alma.

Vuelo por el aire y escucho, intemporal, la voz de Tita Merello cantando: "¡Yo soy del treinta, yo soy del treinta cuando a Yrigoyen lo embalurdaron!" Aterrizo otra vez en los archivos de la redacción. Los biblioratos muestran los años 1933, 35, 36.

Un jefe de redacción pasa sigilosamente a mi lado y me dice al oído: "Nada de mencionar que en la sección especial aplican tortura a los políticamente peligrosos".

Un titular chorrea sangre y dice: "Asesinaron en el Senado de la Nación a Enzo Bordabehere".

Otro jefe de redacción pasa a mi lado y me dice al pasar: "Nada de hablar del fraude político".

Otros titulares chorrean sangre: ¡guerra civil en España! ¡Hitler avanza!, ¡la crisis americana arrasa ciudades y campos!, ¡Segunda Guerra Mundial!, ¡golpes militares en Brasil, Perú, República Dominicana y Haití!, ¡muere Gardel! Salgo corriendo por la ciudad oscura de la Década Infame donde el contraste entre las luces del centro y las brumas del Riachuelo marca las diferencias sociales con la fuerza de un tango bien amargo.

Llego a Puerto Nuevo y ahí veo una villa miseria, la decana, la pionera, la villa desocupación, llena de gente del interior que ha perdido su trabajo en el campo y viene ambicionando el progreso ciudadano y sus fábricas para terminar en el barro del bajo fondo.

Rumbeo para Avellaneda y los gorilas de Barcelo y Ruggierito, caudillos de ley fuera de la ley, me invitan a los prostíbulos legalizados.

Me subo a un tranvía y me bajo frente a la Rosada. Un cartel cruza la puerta principal, un cartel que dice: "Cerrado por refacciones, el sistema democrático está siendo reparado con tecnología importada de Alemania, Italia y España". Paso por el Congreso que tiene otro cartel: "Golpeá que te van a abrir".

Un canillita vende diarios chorreantes y sangrientos donde se informa que: ¡se suicidó Lugones!, ¡se suicidó Alfonsina Storni!, ¡se suicidó Lisandro de la Torre!

Estoy en la redacción otra vez y otra vez pasa otro jefe quien me dice al oído: "¡Nada de hablar de sobornos y corrupción en las concesiones de servicios, ni el monopolio británico en los transportes públicos, ni en las inversiones extranjeras en general y mucho menos de los rumores de golpe militar para 1943!".

¡1943! ¡Ya! ¡Cómo pasa el tiempo en esta pesadilla! Plena guerra y, de pronto, paso por la tranquera de una estancia donde, encaramadas en los alambrados, dos paisanas vestidas con primo-

rosos trajes de tafetas celeste y blanca y rasgando
guitarras lustrosas entonan la siguiente vidala:

"MIENTRAS EN EUROPA, VIDALITA
SUFREN TANTOS MALES
ACÁ EN LA ARGENTINA, VIDALITA
SEGUIMOS NEUTRALES"
NAZIS Y FASCISTAS, VIDALITA
NO SON MAL MIRADOS
AUNQUE LOS GOBIERNOS, VIDALITA
SE HACEN LOS ALIADOS
¿ENTRARÁ EN LA GUERRA, VIDALITA
LA ARGENTINA AMADA?
LO HARÁ SÓLO CUANDO, VIDALITA
YA ESTÉ TERMINADA.

Otro titular: "¡Argentina entra en guerra!", y
apenas unos días después, otro titular: "¡Terminó
la guerra!" Las paisanitas tenían razón.

Caigo rendido en mi silla de la redacción sin
observar que un milico de grado me está esperan-
do sentado en un sillón de cuero verde.

Sin esperar la más mínima pregunta el tipo me
dice: "Acá necesitamos mano dura... Mussolini fue
demasiado payasesco, Hitler, demasiado demente,
Franco, demasiado drástico y Stalin, demasiado
bestia... Acá tenemos que encontrar un militar que
tenga carisma, simpatía, cultura, seducción, dotes
de estadista, arrastre con las masas y que no suba
al poder ni por golpe, ni por fraude sino por estricta mayoría democrática en comicios normales ¿entendió?".

Y yo asiento con la cabeza como los perritos

de felpa de los taxis... mientras pienso en las palabras del milico. Y lo veo a Perón, yendo preso, a muchos obreros llegando a la Plaza de Mayo. El almanaque no puede mostrar otra cosa más que un 17 de octubre de 1945 más grande que una casa, Rosada para más datos.

El tiempo sigue pasando y yo penetro en la Casa de Gobierno y paso edecanes y puertas y Perón, sonriente, me invita a sentarme y a escuchar: "Vea, yo no lo voy a cansar con discursos y planes quinquenales, no voy a esperar preguntas insidiosas, gorilas o desorientadas. Yo lo único que puedo decirle es que la única verdad es la realidad y la realidad dice que el pueblo me votó mayoritariamente, que el obrero vive mejor que antes, que la clase media vive mejor que antes y que la clase alta vive igual que antes pero se queja más que antes porque tiene menos poder que antes. No es un problema de dinero, es un problema de poder. Usted ya sabe lo que son los oligarcas".

Yo trato de meter mis bocadillos acerca de la falta de libertad de prensa, lo excesivo de la propaganda estatal, la baja catadura de algunos de sus colaboradores, la huelga ferroviaria, los enfrentamientos inútiles, la división que su gestión ha causado en la sociedad argentina, las pésimas estatizaciones de empresas... Pero él, como si me leyera el pensamiento, me sonríe y me dice, con un tono mucho más íntimo y cómplice: "Yo sé de qué época venís, a mí no podés engañarme. Simplemente pensá en todo lo malo que mi gobierno puede ser... y compará, sólo eso, compará".

Se oye un ¡gong! Perón no se sobresalta, sólo se prepara tranquilamente para dejar el sillón mientras me larga un: "Lo único que te pido es que no le hagás caso a ninguno que te diga que viene a completar lo que yo dejé inacabado, ¡son chantas!" Y se fue con un milico de un lado, y un fraile del otro.

Salgo a la Plaza de Mayo y un bombardeo igual al del 16 de junio del 55 me hace correr a refugiarme bajo una recova del Paseo Colón. El bombardeo pasa, la temperatura sube y en la plaza una multitud jubilosa grita cánticos antiperonistas al grito de ¡libertad! ¡libertad! ¡libertad! Es setiembre, ¿valdrá la pena volver a la redacción? ¿Para qué? ¿Para volver a escuchar a otro jefe que sigilosamente me diga: "Nada de hablar de los fusilamientos de José León Suárez"? ¿Para volver a comprobar las teorías de la veleta y el camaleón a las que somos tan proclives? Estoy seguro de que... muchos de los que eran peronistas ahora son gorilas, cambian de discurso como de camisa y aclaran: "¡Yo creo que la primera presidencia fue buena pero después fue un horror!" Me suena tan 1999 el comentario que me cercioro en el almanaque... Y ahí dice la verdad: "¡Éste es un año argentino, no importa cuál, las tonterías son eternas!" ¡Amanece! ¡al fin! Tiro mi carnet de periodista al río de la Plata y el ruido del agua me despierta... casi diría que estoy vivo y no es poco.

Escalera, póquer y generala

Voy subiendo una escalera. A veces, tiene tramos luminosos de escalones anchos, otras veces se estrecha, se pone tortuosamente acaracolada como en un film de terror y otras se vuelve un lujoso escalerón de mármol de Carrara alfombrado ricamente con tapetes persas de la mejor calidad. Debe ser un sueño porque no me duelen las piernas y mi ascenso es ágil y liviano, como si pisara nubes.

¿Nubes, dije? ¡Sí! Alrededor de la escalera hay nubes, es más, la escalera con sus tramos luminosos, oscuros o lujosos está en el aire, suspendida en el espacio.

¿Estoy yendo al cielo? ¡No! ¡Eso ni en sueños! Yo he hecho todo en la vida como para ir a parar, no digo al infierno porque no he sido lo suficientemente genial y fuera de serie, pero sí al purgatorio por un rato bastante largo. ¡Bah! Es lo que uno se cree en la tierra pero, ¿qué sabe uno? ¿Cuál es el código para saber realmente lo que uno se merece? En realidad he sido buen hijo, buen amigo, jamás falté a la escuela ni a mis trabajos, no robé, no asesiné, no mandé matar, nunca le di una trompada a nadie, jamás incité al crimen, di limosna al pobre, no maltraté animales, nunca en mi vida cometí una injusticia adrede y ni en pedo quebranté una promesa.

¡Dios! ¿Mereceré el cielo? ¿Habrás cambiado tu código y ahora pasaré de ser un boca sucia blasfemo de ideas rebeldes y levantiscas a ser un santo varón?

Veo venir en sentido contrario, o sea bajando la escalinata, a varias personas entre apesadumbradas y furiosas. Hablan en inglés y yo, como de costumbre en mis pesadillas, entiendo perfectamente y, llegado el caso, contesto en perfecto español y ellos me entienden sin problemas.

Uno de los hombres con pinta de banquero del siglo diecinueve me pregunta: "¿Usted es argentino?". "¡A mucha honra!", contesto con orgullo.

"¿Ah, sí?" me dice el inglés, porque el hombre tiene un acento británico que mata... y continúa: "¡Esto no es serio! ¡Jamás han pagado sus deudas! ¡En noviembre de 1822 obtuvieron un empréstito de un millón de libras esterlinas! ¡Ya en 1828 no se pagaba! ¡Dorrego vendió dos buques de guerra, Rosas hizo pagos simbólicos y así todos los otros!

Nos han dicho que la deuda argentina la iba a terminar de pagar el padre eterno, nosotros nos hemos tomado el trabajo se subir hacia él y ¿qué nos contestó? ¡Mandó traer una palangana con agua tibia y se lavó las manos, míster! ¡Se lavó las manos! Y dijo: 'Soy Dios pero mi sabiduría no llega a tanto'. ¿A usted le parece, míster?"

Yo, ni corto ni perezoso, lo agarro de las solapas al gringo y le digo, ante el estupor de todo el grupo: "Mejor cállese la boca, prestaron un millón y se les devolvieron cuatro millones setecientos cincuenta mil en el año 1904, se quedaron con tierras a rolete sin pagar una puta libra, se les dieron los ferrocarriles en condiciones superventajosas: garantía del siete por ciento, sin pagar impuestos, propiedad de la tierra por donde pasara el ferrocarril, exención del servicio militar a los empleados y una legua de tierra a cada lado de la vía férrea, ¿le parece poco, míster?".

El gringo me mira con desprecio y, haciendo un gesto de complicidad a sus acompañantes, se despide con un discursito: "¡Si no hubiera sido por nosotros que pusimos todo el material (trenes, vías, ladrillos, el carbón y los sanitarios en las estaciones), ustedes, torpes subdesarrollados, pretenciosos y con ataques de nacionalismo trasnochado, seguirían viajando en diligencias destartaladas a merced de los malones de indios revanchistas!".

Yo sólo puedo contestar: ¡Fuck you! y seguir

mi camino ascendente puteando en todos los idiomas y mascullando con resentimiento: ¿deuda externa? ¡deuda eterna, digan mejor! ¡Piden guita, no garpan, los intereses corren y los platos rotos los pagamos nosotros!, ¡hacen públicas deudas privadas so pretexto de que esas deudas que contrajeron los privados son para obras beneficiosas, para las cosas públicas, o sea para el pueblo, quien luego termina mal pago o desocupado por la situación económica derivada del no pago de la puta deuda! Y encima hay que aguantar que los economistas oficialistas digan que la deuda externa no es importante y no puede ser causal de quebrantos económicos mayores y que, de hecho, Estados Unidos también tiene deuda tanto externa como interna y sin embargo, ahí la ves, ¡es la potencia más grande del mundo! ¡Nadie nunca entenderá nada! ¡Sólo pagaremos como sea! ¡Pero pagaremos! Sigo subiendo la escalera y ya noto mis piernas algo más pesadas. La escalera se estrecha, los escalones son ahora de madera vieja y crujiente, la baranda está llena de tela de araña, un montón de ancianos baja el difícil tramo con cara de pocos amigos, son indudablemente jubilados que han ido a pedir lo imposible.

Una vieja, la más vivaracha, me dice: "Dios nos ha dicho que Él no tiene nada que ver con la injusticia, que Él jamás puede haber decidido que gente honrada y trabajadora tenga tan mala vejez, dice que Él dijo bienaventurados los pobres, pero no los miserables y que una cosa es pobreza y otra miseria y que hicimos el viaje al cohete, que no es al cielo donde tenemos que dirigirnos para saber quién ordenó tanta arbitrariedad sino al infierno, porque esto debe ser cosa del diablo; yo esto ya lo intuía ¿vio? Pero necesitaba que Diosito me lo dijera en esta jeta arrugada".

La vieja mira a sus compañeros de infortunio y silbando con un dedo en cada extremo de sus labios grita: "Vamos, chicos, bajemos al infierno, no vamos a encontrar respuesta tampoco pero al menos entre una cosa y la otra vamos ocupando el tiempo en algo, si no en casa, molestando y llorando, no arreglamos nada".

Y allá se van, del cielo al infierno, arriba y abajo, preguntando, protestando, esperanzados en una sola cosa: no dejar en paz a ningún gobierno, gritar desde la pobreza hasta dejar el último aliento, no acostumbrarse a la lógica de que la injusticia es la moneda corriente. Los aplaudo y me veo en su espejo de achaques sin un mango.

Ahora subo por otro tipo de escalera, es la escalera luminosa y glamorosa de los finales de revista, una guardia de bailarines enfundados en fracs blancos cubre los costados de la escalinata y, por el medio, bajan las vedettes vestidas, ¿cómo vestidas? ¿Quiénes son las vedettes que se atreven a ocultar sus encantos? ¿Les pregunto? ¡Sí, les pregunto! La primera es mona pero demasiado redonda, casi sin cintura, una gorda, digámoslo sin vueltas. Tiene una expresión entre sobradora y satisfecha, le pregunto: "¿Quién sos?" Y ella me contesta: "Una de las grandes vedettes de fin de siglo: la globalización, querido. Si alguien se tuerce un pie en Japón lo sentirá un pie argentino con la misma intensidad. Si una reina compra un collar de cuatrocientos mil dólares en Europa y un niño muere de hambre en la India, se divide por dos y, en el prorrateo, tendremos un mundo en orden". Yo creo que a esta gordita le ha subido el colesterol porque veo que su delirio es total y me cuesta encontrar un mínimo de lógica en sus divagaciones, pero ella sigue bajando, repartiendo besos y saludos al aire mientras continúa: "Un Mac Donald's en Bogotá, otro en París, otro en Rosario, otro en Odesa y otro en Kyoto tendrán que ser el mismo ámbito, la misma fritanga y el mismo menú, borradas todas las características nacionales, todo el mundo lucirá el mismo jean, el mismo atuendo, el mismo teléfono celular y un mismo idioma comercial que hable en inglés, todo será Sale, Drugstore, Factory, Outlet, Cinema, Pop-corn, Hot dog y Fashion. Cada zona rica de cada país pobre será igual a cada zona rica de un país rico y así, ricos y pobres podrán compartir la ilusión de los shopping malls con las mismas marcas, los mismos afiches con las mismas caras anunciando los mismos productos. E-mails,

Internet, faxes, cables unirán a París con Puente Alsina, a Belgrado con Belgrano y a West Hollywood con Lanús Oeste. ¡Todo gracias a mi globo, globo-cosmos-mundo unido al fin, juntos y revueltos por toda la eternidad!".

La gorda sigue bajando y detrás, otra vedette, ésta es sinuosa, insinuante, de largas uñas negras, vampiresca en su andar y, con dos cigarrillos en su boca, un vaso de whisky y otro de champagne en cada una de sus manos. Sin que yo tenga tiempo de preguntarle nada, ella me mira y me dice: "¡Soy la contaminación, vivo por la indiferencia de los gobiernos y gracias a la mala educación de los pueblos estoy siempre de joda, me encanta agrandar agujeros de ozono, desbordar ríos y arroyos, pudrir las profundidades marinas, depredar animales hasta el exterminio total y apretar aerosoles a rolete hasta desmayarme del placer!".

Baja, dejando una estela insana de perfumes tóxicos y deja ver a otra vedette deslumbrante: esta vez se oye la voz de un locutor que anuncia "putísima, desvergonzada, desvestida en lencería erótica negra, llena de portaligas, con una boca hinchada por el colágeno, roja, brillosa y humedecida por una lengua ancha como una corbata, baja haciendo gestos obscenos de incitación a todo tipo de coito en la vía pública. ¡Señoras y señores, con ustedes 'la Corrupción'."

Aplausos a granel acompañan a la vedette

quien me ofrece sus servicios al pasar a mi lado vendiéndome: "¡negociados, cohechos, coimas, falsas declaraciones juradas, acomodos, jubilaciones de privilegio sin haber trabajado, el manual trucho del chanta argentino con ilustraciones a un precio oferta irresistible!, ¡compre ya!" y sigue bajando repartiendo besos al aire.

Y cerrando el desfile viene la más espectacular de todas. Vestida a la estricta moda del sado-masoquismo pesado, llena de cuero negro, con botas altas de taco quince aguja, látigo de siete puntas, puñales, ametralladoras, frascos de veneno, hachas y arcos con flechas de punta envenenada, matando a diestra y siniestra a chicos, viejos, hombres, mujeres y animales que se le crucen. Incluso van cayendo, heridos de muerte, los bailarines con sus fracs blancos ensangrentados. Y ella, imperturbable, sonríe mientras mata con la seguridad de los poderosos. Me tira un beso y no sé cómo me perdona la vida, quizá sea la ventaja de las pesadillas; vivir para contarlo... ¡vaya uno a saber! Me mira fijo y me dice: "¿Adivinás? Si adivinás quién soy, te perdono la vida..." y yo me juego entero y grito: "¡la Impunidad!" Ella asiente y como buena perra perversa que es, me apunta con su ametralladora quebrantando, como era lógico esperar, su promesa de perdón. Yo huyo y subo a toda velocidad, atravieso una puerta, la cierro con tranca y sigo subiendo por unos escalones casi transparentes y

llenos de humo blanco ¿dónde estoy? ¿adónde he llegado? Abro otra puerta, ésta es blanca y luminosa y descubre al franquearla un mundo de ensueño. ¡Sí!, ¡es el limbo!, ¡el limbo!, ¿y quiénes están aquí? ¡Mi Dios! ¡no doy crédito a lo que veo! Es fuerte, aun para una pesadilla. ¡Están los políticos, funcionarios y gobernantes más notorios! Es un perpetuo cóctel con saladitos, caviar, pizza, champagne y un montón de señoronas y señoritas rejuvenecidas hasta el ridículo, jamonas no asumidas enfundadas en modelos tres números más chicos que sus cuerpos y veinte años atrasados en la adecuación a la verdadera edad de estos especímenes, habitantes perpetuas del limbo que llenan de elogios a los funcionarios y políticos asistentes. ¡Todo es felicidad! Todo es jolgorio en el limbo, hasta que un ruido a trueno inunda el aire. El estupor se apodera de la expresión rígida de los y las colagenadas que miran hacia arriba desde donde se oye una voz tonante que dice: "¡Se me acabó la paciencia! ¡vuelvan a pisar la tierra! ¡desde hoy quedan abolidos los limbos y las nubes de pedos en donde se refugian los que han sido favorecidos por la fortuna y que no saben compartir con los que menos tienen, ni siquiera un mendrugo de lo que mi jefe les ha dado tan generosamente! ¡Les habla San Pedro y he tomado esta decisión en total acuerdo con el padre eterno! ¡Pónganse los paracaídas! ¡Adiós!".
El trueno se intensifica, todos caemos al disol-

103

verse la nube de pedos y, en nuestra caída, nos encontramos con las vedettes, los bailarines de frac blanco, los jubilados, los gringos de los empréstitos eternos de las eternas deudas. Y rodando por la tierra polvorienta y caliente podemos ver la escalera que parece que lleva al cielo y que, en realidad, es el eterno purgatorio donde justos y pecadores, víctimas y victimarios, terminan tarde o temprano en el mismo hoyo, todos revolcados...

Me despierto muy cansado y mi mano va casi maquinalmente al control remoto de la televisión y ahí están, hablando en chino... de deudas externas, jubilaciones, impunidad, corrupción, contaminación, globalización y otras calamidades, en el eterno limbo de la realidad virtual que no es otra cosa que la real, hecha pesadilla.

Somos mundiales

¡Qué pesadilla! Y pensar que lo que para unos es pesadilla para otros es sueño, sueño de toda una vida, ideal, quimera. Y para mí es una pesadilla, una pesadilla recurrente, de esas que uno cuenta a su analista una y mil veces para encontrarle un significado nuevo cada vez.

Y estoy otra vez soñando con lo mismo: corro por una cancha de fútbol, soy el dueño de la pelota, un crack. Maradona y Pelé, dos principiantes al lado mío y, de pronto, el césped se abre y caigo al vacío con la pelota en la cabeza, la multitud me abuchea y me tira monedas. ¿Qué hago yo en esa cancha? ¿Cómo es posible que yo, persona perteneciente al reducidísimo club de argentinos a los que el fútbol no les mueve un pelo, sueñe cada tanto con semejante cosa? ¿Será el trauma de infancia que se me produjo la única vez que fui a una cancha de fútbol arrastrado por mi tío, fanático de Boca

105

que no podía creer que a mí sólo me interesaran el cine y la literatura a los diez años de edad? ¡Fue una tarde aburridísima para mí, gordito gilún que no pudo entender qué hacían aquellos veintidós hombres grandes corriendo detrás de aquella pelota! Nunca le di demasiada importancia a aquel episodio y aún hoy pienso que el embole jamás puede producir un trauma. Distinto fue aquel profesor de natación que, para vencer mi miedo al agua, me empujó violentamente en la parte más profunda de la pileta del club, o aquel entrenador de tiro que me avisó acerca del culatazo en el hombro que me podía dar el rifle al disparar, sin darse cuenta de que yo tenía los oídos tapados por algodones para aminorar el impacto que los tiros producían en mi perturbada psiquis de adolescente pacifista, razón por la cual no oí un carajo de nada, me disloqué un hombro y me cagué en el "Tiro Federal"por años.

Sigo soñando semidespierto y sigo tratando de buscar el porqué y, de pronto, mi mente se ilumina y encuentra la causa. ¡Fue el Mundial!, ¡el puto Mundial 78! ¡El de los derechos y humanos! El de los lamentables avisos del gobierno militar acerca de la honradez argentina, de la extrema seguridad de nuestras calles, de la hospitalidad gaucha y demás disparates.

¡Fue aquel Mundial! Todavía me veo en mi pesadilla mirando por televisión a la muchedumbre

enloquecida, el país parado, las agresiones homo-
fóbicas al equipo de Holanda, acusado de "prácti-
cas sexuales aberrantes"por gente que, de ese tema,
no debía hablar y no por desconocimiento de causa precisamente. Toda la parafernalia de la cursilería, el patrioterismo y la hipocresía cubriendo las
pantallas todavía en blanco y negro de nuestra T.V.

Pesadilla recurrente aquella. Yo, corriendo en
la cancha, pero no por el placer de jugar al juego-
pasión de multitudes sino, y ahora lo percibo claramente, para huir de policías camuflados de juga-
dores que me quieren llevar preso por antipatriota,
degenerado y renegado social. ¿Cuál es mi delito?
Haber dicho en un reportaje que a mí el fútbol no
me interesaba, que respetaba a todos los que mo-
rían por él pero que no era mi pasión y que franca-
mente me parecía que el despliegue periodístico del
Mundial era exagerado y que había otros temas
para ocupar la primera plana de los diarios.

Quiero aclarar que yo, en la realidad, jamás
había dicho eso porque el cagazo no me lo hubiera
permitido, pero, en mi pesadilla, yo era un valiente que había enfrentado a varias dictaduras argentinas y no sólo a la militar sino también a la perio-
dística-oficialista. Por eso me corren y yo huyo y la
única salvación es que la cancha se abra bajo mis
pies. Y así vuelve a ocurrir y caigo al vacío y, al
caer, voy pasando, como en una odisea del espacio
que reíte de Stanley Kubrick, por otros mundiales.

¡Sí, del pasado y del futuro! ¡Caigo!, ¡siento cosquillas en mi estómago!, ¡y caigo! Y veo un cartel que dice: "Uruguay 1930", ¡la puta!, ¡un mes antes del golpe del 6 de setiembre, el mundo va hacia el fascismo y nosotros ni te cuento y ahí está la pasión de multitudes, y sigo mi recorrida espacial para arribar a Italia 1934, el Duce brilla en todo su esplendor, Hitler es una realidad en el poder y el fascismo está de fiesta. Paso por un paréntesis donde la guerra hace trizas todos los sueños y distracciones populares, llego a Suecia 1958, Chile 1962 e Inglaterra 1966, la Reina Isabel II queda pasmada ante la incivilizada conducta de parte del equipo argentino que le saca la lengua y le hace gestos obscenos y yo sigo cayendo y preguntándome por qué todos esos mundiales no paralizaban a la Argentina, que seguía su vida normal (si es que al gobierno de Onganía se le podía llamar normal); Alemania 1974 coincide con la muerte de Perón y una larga serie de partidos perdidos y, al fin, Mundial 78: rumores de arreglos, manifestaciones antiargentinas en Europa, triunfalismo, euforia y me veo en el lugar de tantos amigos exiliados que me contaron la angustia de esos días cuando desde Europa o México o donde el destino los hubiera llevado, tenían la horrible contradicción de mirar los goles argentinos y una parte de su corazón se alegraba y la otra se estremecía de bronca ¡y todo por el fútbol! En medio de su tristeza por el destierro, el potrero de la infancia y los inolvidables domingos de la niñez y, quién sabe, también el sueño del pibe de llegar a ser jugador y marcar goles y goles, se les presentaban en aquella pantalla donde, por primera vez quizá, veían a su querido deporte emporcado con la parafernalia de una dictadura.

Pero mi caída continúa y, a partir de ahí, desfilan el Mundial 82 empañado por las Malvinas y el trago amargo de tomar conciencia de tantos horrores.

Me veo en México 86, los australes de Alfonsín relucen triunfales, la mano de Dios lleva la de Diego y yo voy a cines totalmente vacíos mientras mis conciudadanos braman y pasan de cagarse en Bilardo a declararlo Santo Nacional, con esa coherencia ideológica que nos caracteriza. ¡Dios nos guarde! ¡Italia 1990! ¡cómo pasa el tiempo! ¡Menem sonríe! ¡Todo su gabinete sonríe! ¡El cincuenta y dos por ciento del electorado que lo votó sonríe un poco menos, pero sonríe... Cavallo no ha llegado aún y los ministros de Economía mueren de infartos, pero todos sonríen! ¡Perdemos con Camerún ante el bochorno Mundial! ¡Los penales nos salvan el honor!

Estados Unidos 1994... me veo en un laboratorio tratando de romper el frasco del análisis de Diego... ¡no logro mi intento! ¡En la Argentina, escándalo! Menem sonríe, todo su gabinete sonríe. ¡Dólar uno a uno! ¡Primer Mundo! ¡Todo bien! ¡Perdimos como en la guerra! Maradona pasa de héroe nacional a malo de la película con esa coherencia que nos caracteriza. Y yo sigo yendo al cine, puteando porque el Mundial me quita público en el teatro. Y buscando un bar donde no estén transmitiendo desde tres televisores todos, todos los partidos del Mundial, con repeticiones y comentarios incluidos.

Y sigo cayendo y arribo a Francia 98, Ricky Martin, cual Hércules en clave de salsa, canta la copa de la vida ¡y Alé, Alé, Alé! Passarella pasa de ser el malo a ser el héroe y terminar como malo otra vez con esa coherencia que nos caracteriza.

Pasan mundiales pero el resorte siempre es el mismo y ¡Alé, Alé, Alé! Menem sigue sonriendo pero la gente que lo acompaña sonríe cada vez menos.

Y la pasión multitudinaria paraliza el país otra vez. ¡Hipnótico influjo! ¡Cosa de locos! Y yo, como todo mi país corriendo de evento en evento, gambeteando la crisis, el peso, el peso ley, el otro peso, el austral, el nuevo peso, el horror dictatorial, el descontrol hiperinflacionario, el ingreso virtual y dibujado al Primer Mundo.

Y llega el momento decisivo. Hablan entre ellos. Alguno va a patear el penal. Mi pesadilla llega al clímax. Yo soy el arquero, no sé si el amague viene de la derecha, la izquierda o el centro; mi cabeza trabaja a mil y pienso: "A la izquierda no creo, al centro menos porque para eso deberíamos vivir en un país centrado y somos todo lo contrario, no... seguro que viene el derechazo... la derecha siempre patea orientada. Viene de derecha... me preparo... Duhalde, De la Rúa y Cavallo se pelean por patear, finalmente no patea ninguno de ellos. La pelota vuela sola, como pateada por alguien invisible... yo me estiro, me estiro y no llego y oigo un rugido de multitud que grita: ¡Gooool!

Me despierto temblando y una sola cosa me consuela: todavía falta para el Mundial 2002... justito un año antes del 2003 donde, quién te dice, a lo mejor... Menem vuelve a sonreír. Mientras Japón sale campeón y nosotros seremos espectros insomnes tratando de ver los partidos a horas absurdas por la diferencia horaria y yo volveré a soñar que soy un crack inservible, un usurpador, un rebelde que no se acomoda a ningún equipo... y al que siempre terminan por hacerle un gol por penal ante la indiferencia de una muchedumbre que te convierte en malo o bueno en menos de lo que dura un pedo en un canasto, con esta coherencia que nos caracteriza. ¡Dios nos guarde!

2024

Sueño que soy muy, muy, pero muy viejito.
Tengo una barba blanca y una igualmente blanca
cabellera que ya la querría yo para filmar propa-
gandas de shampoo si fuera de verdad. ¡He adel-
gazado! ¡El milagro se ha producido! Soy un esbel-
to señor de ochenta y cinco años que ha llegado al
año 2024 con pelo y figura estilizada.

Buenos Aires ha cambiado mucho. Es una ciudad con alto nivel de contaminación, embotellamientos de taxis aéreos, asaltos permanentes de bandas
de criminales divididas en: marginales sin trabajo,
ex policías despedidos por horrendos crímenes, pro-
fesionales del choreo organizado llamados también
"caballeros de guante blanco", carteristas y arreba-
tadores y drogadependientes unidos del Cono Sur.
Como verán, los cambios han sido considerables.

El Riachuelo ha sido convertido en monumento nacional a las promesas incumplidas y artistas

plásticos de renombre lo colorean semana a semana dándole una fisonomía diferente y seductora, eso sí, sigue oliendo a bosta de burro, lógico, las tradiciones son las tradiciones.

Las autopistas se han centuplicado y son ahora una extensa red vial que no conduce a ningún lado, con estaciones de peaje aéreas, terrestres, subacuáticas y subterráneas que cobran con débito automático a cuanto desventurado automovilista pase.

El Congreso, la Casa Rosada y el Cabildo son shoppings donde todos pasean, pocos compran y muchos presumen.

Se ha dejado de enseñar historia porque se ha comprobado que nadie aprende del pasado y, por otra parte, los próceres argentinos han presionado mucho desde sus tumbas aduciendo que quieren dormir en paz y no revolverse en sus ataúdes cada vez que chantas, ladrones, genocidas y putarracas los nombran y pronuncian sus frases sacándolas de contexto y usufructuándolas para su conveniencia. Prefieren entonces el eterno olvido a la tergiversación perpetua.

Ya no se habla. ¿Pa'qué? Tenemos un sistema de señales tipo sordomudo para graficar preguntas de los únicos temas más o menos interesantes: "¿Cuánta guita tenés?", "¿Cuánto valés?", "¿Querés tener sexo conmigo?", "No tengo ganas de hablar" y "Olvidemos el pasado".

Lo único que se lee es el movimiento bursátil. Todos comemos preparados vitamínicos sin gusto a nada, con nutrientes balanceados y sin necesidad de reunirse alrededor de mesas familiares.

Las familias son por nivel social, dinero y posesiones y no por lazos sanguíneos. No importa de quién sos hijo sino lo que tenés por las buenas o por las malas y así se organizan los clanes de gente que se divide en: ricos desde siempre, ricos por estafas y robos permitidos, ricos por malas artes, nuevos ricos, aspirantes a nuevos ricos, gente de baja estofa útil para trabajos sucios, nuevos pobres, pobres desde siempre y, en las últimas escalas sociales, casi marginados, están los decentes, los idealistas y los poetas. Ya no hay más jubilados, al llegar a cierta edad, los viejos se tiran desde la terraza del viejo Sheraton. Convertido en albergue de niños pobres.

La educación se hace por medio de robots inteligentes que les enseñan a los niños a obedecer y a adecuarse a las pautas del "mundo-moderno-post-mortem-de-la-humanidad" habiéndose eliminado aquellos deteriorados edificios llamados escuelas y/o universidades que tantos problemas y perturbaciones sociales aportaron a la historia del siglo XX. La enseñanza es por medio de computadoras, e-mails, diskettes y sistemas digitales que graban subliminalmente los conceptos básicos de convivencia en las mentes tiernas de los educandos.

115

No hay más Himno Nacional, ha sido reemplazado por la "marcha dolarizada" con letra de Margaret Thatcher y música de Pat Boone y los símbolos patrios siguen siendo los mismos. Total, por lo que usan...

Se han borrado del diccionario vocablos inútiles y vacíos de contenido práctico como ética, lealtad, fidelidad, ideología, coherencia y sensatez.

Pero yo, en mi sueño, viejo carcamán aferrado a los esquemas de vida de lejanas décadas de sueños, ideales y utopías, sigo viviendo de acuerdo a mis normas y a las cosas que, aunque sin mucho entusiasmo, aún se practicaban a finales del siglo XX.

Por eso es que en mi sueño estoy frente a un notario, en un lugar vetusto y fuera de uso que parece ser un antiguo despacho judicial.

Es un lugar de la época en la que todavía se criticaba el mal funcionamiento de la justicia, a veces con vehemencia y exaltación. Claro, uno gritaba contra la injusticia porque creía que gritando se iba a torcer el destino cruel de la arbitrariedad. Ahora ya no gritamos más. La justicia cambió su imagen, en lugar de vestir larga toga está en tanga desculada y en lugar de la venda que garantizaba su imparcialidad hoy luce unos anteojos de sol con filete dorado que le sientan super-sexys y que le permiten ver quién es quién.

Pero el despacho y el notario parecen de mi

época. Y así debe ser porque yo le digo al leguleyo: "Éste es mi testamento. Lo hice hace mucho y se refiere a una historia ya ampliamente superada pero quiero que quede como eterno recuerdo a un país que no fue y que pudo haber sido, léalo", y le alargo el testamento y el tipo lee:

YO, HOMBRE DEL MEDIO-PELO ARGENTINO, EN MIS CABA-LES Y ABSOLUTAMENTE RESPONSABLE DEL MOMENTO QUE ME TOCA MORIR, DIGO VIVIR... DEJO TODO MI AGRADECIMIENTO A LAS FUERZAS VIVAS, MUY VIVAS, YO DIRÍA AVIVADAS, QUE ME GO-BERNARON CON TOTAL FALTA DE RESPETO E IDONEIDAD PROFE-SIONAL.

A LOS CONSERVADORES ARISTOCRÁTICOS DE LA PRIMERA HORA LES DEJO UN MANUAL DE HISTORIA ARGENTINA PARA QUE LA RELEAN A VER DÓNDE DICE QUE EN UNA REPÚBLICA DEMO-CRÁTICA ALGUIEN PUEDE CREERSE SUPERIOR A LOS DEMÁS POR CUESTIONES DE LINAJE Y CASTA, SOBRE TODO SIENDO HIJOS DE INMIGRANTES COMO CUALQUIERA, TENER EN NOMBRE DE ESA PROSAPIA TRUCHA, HORROROSOS LATIFUNDIOS DIGNOS DEL PEOR SEÑOR FEUDAL DEL MEDIOEVO EN PLENO SIGLO XX Y CAGARSE EN EL POBRE INSULTÁNDOLO CON UNA CARIDAD EN EL 90 POR CIENTO DE LAS COSAS HUMILLANTE E INSUFICIENTE.

A LOS CORRELIGIONARIOS RADICALES LES DEJO UNA BRÚ-JULA PARA QUE, AL SABER DÓNDE ESTÁ EL SUR Y DÓNDE EL NOR-TE, SEPAN TAMBIÉN DEFINIRSE ENTRE IZQUIERDA, DERECHA O CENTRO EN VEZ DE SER ALTERNATIVAMENTE SEUDOBOLCHES O GORILAS CONSERVAS.

A LOS DISTINGUIDOS CAMARADAS DE LAS IZQUIERDAS AR-GENTINAS LES DEJO UN MANUAL TITULADO "¿QUÉ ES LA CLASE OBRERA?" CON MODELO PARA ARMAR INCLUIDO, A VER SI ASÍ PUEDEN EXPLICARSE QUÉ LES FALTÓ PARA LOGRAR UN PUTO VOTO DEL LABURANTE QUE, ANTE LA CONFUSIÓN DE PRÉDICAS QUE IBAN DESDE EL HERMETISMO INTELECTUAL A LA DECLARA-CIÓN DE GUERRA DE GUERRILLAS, PREFIRIENDO (Y ESTO DEBE SER ÚNICO EN EL MUNDO) VOTAR A LA DERECHA O APOYAR DICTA-DURAS POPULISTAS.

A LOS COMPAÑEROS PERONISTAS LES DEJO EL MANUAL DE LA CONTRADICCIÓN PERPETUA Y FANÁTICA DONDE SE EXPLICA CÓMO UN MOVIMIENTO POPULISTA QUE LUCHÓ CONTRA EL CON-SERVADURISMO PUEDE LLEGAR A SER UN MOVIMIENTO CONSER-VADOR QUE ACUSA DE POPULISTAS A LOS QUE LUCHAN CONTRA

117

LOS CONSERVADORES Y CÓMO SE PUEDE GLORIFICAR A EVITA HA-
CIENDO TODO LO CONTRARIO DE LO QUE ELLA HACÍA.

TAMBIÉN LES DEJO UN BOMBO PARA QUE LO CONVIERTAN
EN SHOPPING Y UN CD DOBLE CON CANCIONES CON LETRA DE
MENEM Y MÚSICA DE PALITO ORTEGA CANTADO POR MARÍA JU-
LIA.

A LOS MILICOS, QUE TENGAN MENOS ESPÍRITU DE CUERPO Y
A LOS CURAS QUE TENGAN MENOS CUERPO Y MÁS ESPÍRITU.

Y A LAS GENERACIONES VENIDERAS SEPAN QUE HUBO UNA
VEZ UN PAÍS RICO, GRANDE, LLENO DE BUENA GENTE AL CUAL
UNOS POCOS PÍCAROS AVIVADOS HUNDIERON SIN REMEDIO.

El notario termina de leer, me mira y me dice:
"¿No cree que es mejor guardarlo en un museo?".
Yo no contesto, simplemente pienso: "Nunca dejo
de sorprenderme con mi querida Argentina y con
el mundo en general... Uno está mal, se siente mal
y siente a todo el mundo mal a su alrededor... Pero
pasa el tiempo y uno recuerda con nostalgia el mal
del pasado y le parece un mal menor ¿será el progreso?" Dejo de pensar, me miro a un espejo y ¡oh,
sorpresa! Estoy gordo y joven otra vez, la barba
blanca y el melenón han desaparecido. El susto me
despierta y me pregunto mientras tomo un vaso de
agua para humedecer mi garganta seca como lengua de loro: ¿A quién podré dejarle mis deseos de
un país mejor? ¿A quién dedicaré mi testamento?

Estoy verde

Estoy en un camino viejo, en medio de un descampado. No podría precisar la hora, sólo sé que no es de noche y que el camino no lleva a ninguna parte. Debe ser por eso que siento una paz inusual. No voy a ningún lado, no vengo de ningún lugar, no hay viento, no hace calor, no hace frío, la atmósfera es transparente, calma y sin turbulencias. No siento mis pies sobre la tierra, floto a poca altura y puedo ver que todo es verde. Verde brillante, con matices en verde nilo, verde esperanza, verdinegro, verde esmeralda, verde lechuga, y verde limón. El único verde que no se ve es el verde dólar.

Me voy elevando un poco más y ya, a vuelo de pájaro, veo el contorno familiar del mapa del territorio argentino, las Malvinas incluidas, *of course*... Perdón, quise decir por supuesto... y veo nuestra bandera flameando en las Falklands... quiero decir en las Malvinas que son, por fin, argentinas.

Sobrevuelo el Sur y los bosques florecen sin incendios visibles... Perdón, perdón; corrijo, hay un foco de humo que es inmediatamente apagado por modernas maquinarias. ¡Qué paz! ¡Cuánto verde! Paso por ciudades, pueblos, campos, ríos y sierras y no hay una sola manifestación, todo el mundo está trabajando en fábricas, oficinas privadas, reparticiones estatales y escuelas. Los políticos no sonríen desde afiches azules y blancos, no, están trabajando en el Congreso, en las legislaturas, en comisiones, para solucionar problemas. En una escuela de frontera perdida en el campo los alumnos, impecables en sus guardapolvos verdes, ven llegar a su maestra que conduce su Mercedes también verde.

La policía, vestida de verde, vigila atenta y sonriente a un pueblo donde los ladrones y asesinos son nada más que los que piraron del bocho por problemas personales y no los empujados por el hambre, la pobreza y la falta de educación.

Hay un monumento verde en el medio de una plaza verde. No se trata del General Pistola, ni del Coronel Metralleta ni del Cabo Tijereta, tampoco es la estatua de ningún fundador de nada... Es el monumento al jubilado, donde se lee en una placa verde: "Al jubilado desconocido, heroico luchador que con la honradez como espada y el trabajo decente de toda una vida como casco protector, luchó por años y años a través de administraciones corruptas, ladronas e inmorales hasta conseguir el mínimo de ochocientos pesos ajustables a cualquier dibujo, por prolijo que sea, de ministros de Economía maestros en la sanata de hacer creer que los números cierran sólo sobre los cadáveres de los honrados pobres".

Por las verdes calles de las verdes ciudades no se ven mendigos y los automóviles circulan sin embotellamientos, fluidamente, sin ser detenidos por un ejército de vendedores, muchachos con trapo limpiaparabrisas en mano, veteranos de guerra y discapacitados rogando por una moneda.

Paso, siempre flotando a mediana altura, por "LA TIERRA DE NADIE", así se llama una parte del territorio, es algo así como una aeroísla donde funcionarios y funcionarias de triste memoria deambulan sin encontrar paz... Es algo así como un purgatorio donde en pantallas de televisión se les obliga a ver sus propias declaraciones, sus desplantes, sus ataques de soberbia y, para mayor tortura, un compilado de la mejor televisión basura de los años noventa.

Me alejo de la tierra de nadie, y vuelvo a la de todos y quedo boquiabierto al ver en la pantalla de un televisor gigante a un ciudadano que parece ser el presidente por la banda que cruza su pecho, pero no puede ser, ¡lo que oigo no puede ser verdad!

¡Está reconociendo errores! ¡Dice que pide perdón por haber tomado decisiones equivocadas! ¡Admite que su administración no ha sido eficaz y pide que no lo vuelvan a elegir cuando su mandato termine! ¡Se confiesa culpable del delito de negligencia y se siente responsable por la gente perjudicada en su calidad de vida gracias a sus disposiciones erradas y a sus funcionarios poco idóneos.

Veo otro monumento, éste es a la cultura y hay otro al lado, el de la tolerancia.

Conviven la bailanta con Shakespeare, el melodrama lacrimógeno-romántico y las expresiones vanguardistas y tanto se festeja una humorada sutil como un chiste verde si está bien contado. No se privilegia la cursilería hipócrita, ni el aburrimiento solemne, ni el petardo seudotransgresor por sobre las expresiones auténticas de los creadores de verdad sea cual fuere su estilo. A los críticos se les toma examen riguroso de conocimientos teorico-prácticos de la materia que van a criticar.

Se deja experimentar al joven, se respeta al viejo, y nadie se pelea por ser más o menos que el otro.

¡Verde país! ¡Verde que te quiero verde! ¡Qué verde era mi valle! ¡Qué verde mi Argentina año verde!

Aterrizo suavemente y me desplomo en el sendero, miro al cielo, ya es de noche, el verde se esfuma, todo es negro ahora. ¿Tendré que despertarme? ¡No! Hago de todo para volver a retomar el sueño querido del querido año verde, pero es en vano, lo único que vuelve a mi cabeza es el coro de fantoches enriquecidos que bailan su ronda monótona de triunfalismo e impunidad. El camino es uno solo, el de ellos y sus amigos, que tratarán de progre setentista desubicado y demagogo a cualquiera que no esté de acuerdo con la marginación, la falta de principios y las exclusiones sociales. Ellos siguen festejando en medio de las recesiones que son productos del efecto tequila, el efecto arroz o el efecto "garompa", cualquier efecto, menos el efecto especial que significaría volver a intentar alguna solución que incluya a la gente, a mucha gente, entre las prioridades gubernamentales. Pero no, eso sólo quedará escrito en los eslóganes oportunistas de los afiches azules y blancos con caras que no se ponen coloradas cuando prometen la Argentina año verde en el presente negro.

Y yo ¿dónde me pongo?

Sueño que estoy en un lugar en donde no quiero estar. Una sensación de angustia me invade. Es como cuando uno tiene la mala conciencia de que está traicionándose a sí mismo, que no está haciendo lo que muchas veces ha criticado en los demás. Algo así como un autoengaño... y encima gratis...

Corro por un pasillo gris, paso una redacción, saludo a periodistas amigos que me miran por encima de sus computadoras con ojos inquisidores, creo oír una voz que me manda un "¿Vos aquí?" que me cae como una patada en la mandíbula.

Ya no estoy en la redacción, ahora paso por un estudio fotográfico donde cinco chicas algo anoréxicas están posando semidesnudas luciendo al compadrear sus cueros picoteaos como dijo Discepolín. Las chicas me saludan sonrientes y una de ellas me pregunta: "¿Vas para el estudio principal?". "Sí", contesto evasivo, y ella me agrega: "Yo también tengo que ir en un ratito... me convocaron porque, según ellos, soy un personaje del año". Debería ser discreto, asentir cortésmente y seguir mi camino. Pero no, soy una bestia, y no puedo contenerme y entonces pregunto: "¿Y por qué dicen que sos un personaje importante?". Y ella sin inmutarse para que la foto que le están sacando no salga movida me contesta: "Porque tuve un accidente terrible en el baño de mi casa cuando resbalé con el jabón en la bañera, tuve conmoción cerebral, estuve muerta trece minutos y volví del otro mundo gracias al beso de lengua que me dio mi novio y al despertarme pude recordar todo lo que vi en el más allá". Mi capacidad de asombro no se aminora ni en las pesadillas así que seguí indagando: "¿Y qué viste en el más allá?". Ella apretó el play y con la cancha de quien lo ha dicho muchas veces me contó: "Primero vi una luz anaranjada, después un túnel semiiluminado donde estaban todos mis seres queridos, oí una música celestial cantada por un ángel igualito a Luis Miguel, enseguida vi a Cheyenne y a Ricky Martin en un ring de box peleándose por mi alma, mi novio era el árbitro. El encuentro tenía como sponsors a Caro Cuore y yogur descremado diet muy bajas calorías, cero de grasas de no me acuerdo qué marca. Todos aplaudían hasta que sonó una campana y me desperté con mi novio encima mío en la cama del sanatorio mientras dos enfermeros trataban de sacarlo por la fuerza de mi habitación. Volví a la vida y con una voz clara como nunca antes grité: ¡Milagro! ¡Milagro de amor! ¡El romanticismo no ha muerto! ¡Viva el bolero! ¡Dejen a mi novio en paz!" La vergüenza ajena no me dejó continuar con la investigación pero ese relato no hizo más que ahondar mi propia vergüenza y mi duda cruel: ¿Estaba haciendo lo correcto al aceptar la convocatoria de posar como un personaje importante? ¿Qué tenía yo para contar que fuera al menos la mitad de interesante del episodio "volver de la muerte" que me había relatado mi amiga la modelo? ¡Nada! Pero voy igual, como si un llamado del destino me obligara. En vano me pregunto y me contesto que yo no tengo nada que ver con todos esos fantoches sonrientes que salen en las portadas de fin de año, ufanos y autocomplacientes, mostrando los teclados impecables de sus dentaduras perfectas. Es en vano. Esta vez tengo que ir, no me puedo negar. Se trata de la última portada del siglo... ¿Qué querrá decir eso exactamente? Llego al fatídico estudio principal, un portón de acero se descorre lentamente y veo la cruda verdad... Ahí están... Los vivos y los muertos como en el día del juicio final... están todos... ¡Oh no! ¡Todos! ¿Y yo? ¿Dónde me meto? ¿Al lado de quién me paro? ¿Y por qué yo? ¿Qué tengo que ver? ¿Y mi amiga la modelo? No somos nadie al lado de tanto ilustre. Entro a pasear silbando bajito y haciéndome bien el gil... Sarmiento me ve y me grita:

"¿Civilización o barbarie?" "¡Ufa! ¡No me joda, Don Domingo!", protesto; él reitera la pregunta: "¿Civilización o barbarie?", y yo, más levantisco que él, le contesto: "¡Barbarie!" Y rajo. Me topo con Rosas que me agarra del cuello y me lanza un: "¿Federal o unitario?". Yo me debato semiestrangulado por esos dedos gruesos y mientras me lo saco de encima digo: "Federario o uniral, se igual, restaurador, en este ispa lo único federal que hemos tenido es el jabón... No me joda." Safo como puedo pero me doy de narices con Don Hipólito Yrigoyen que me toma de las solapas y me tortura con un "¿Radical o conservador?". Yo, casi sin voz, le digo: "Cuando pueda diferenciarlos te contesto, Peludo" y tropiezo con unas botas lustrosas, subo la vista y Perón me sonríe mientras me dobla el brazo hasta hacerme gritar y sin dejar de ser simpático me encaja un "¿Unidos o dominados? ¡Conteste!", y yo sin recular contesto: "¡Ni unidos ni dominados, globalizados! ¡No le recomiendo una vuelta general!" Perón no me suelta y me sigue tomando examen: "¿Quiénes son los únicos privilegiados?" "¡Los ricos!", contesto yo y él sigue: "¿La única verdad es...?" Yo debería decir "La realidad" y chau pero no, insisto en la polémica y le digo: "La única verdad es la guita" y me voy corriendo. Paso entre Alfonsín que me dice: "A vos no te va tan mal, gordito" y Menem que me larga: "No era nesario tanto comentario adverso, Enyique", tropiezo con

Fidel Castro que con las manos ocupadas con cajas de habanos avanza hacia mí y me pregunta: "¿Has visto a Carlos?"; yo me hago el pícaro y le pregunto a mi vez: "¿Carlos Marx?". "¡No, mi viejo, digo Carlos, tu Presi, tengo que darle estos cigarros a ver si deja de hablar mal de mí"... Balbín tropieza conmigo y dice un poco al aire: "¿Dónde está Perón que lo tengo que abrazar para la foto del siglo?". Lo dejo que busque, que seguro lo va a encontrar cerca del flash. De pronto una luz que no viene de ningún foco ilumina un rincón del estudio... Es la luz interna de alguien muy especial... es ella: Evita. Está radiante, de espaldas a mí. Ahí, sí ¿ves? Si ella quisiera yo podría estar a su lado en la foto... Siempre la admiré por su sinceridad, su coherencia, sus errores, sus aciertos, sus excesos y sus obras, casi le hablo... Pero Evita gira y entonces, al avanzar majestuosa hacia mí, deja ver detrás de sí a Isabelita que la toma del brazo y le espeta mientras me da un amable empujón: "No la atosigue a la señora, no la atosigue". Y me arruina el pastel. Marcando el paso avanzan con la precisión de las rockettes del Radio City de Nueva York todos los milicos que usurparon el poder de Uriburu a Rojas, de Onganía a Videla y de Levingston a Massera y Galtieri vaso en mano. Salgo corriendo como alma que lleva el diablo ante esa visión más pesadillesca de lo que mis nervios pueden aguantar. Trato de encontrar a algún encargado de producción para que me diga cuál es el criterio de selección para esta foto de tapa, pero como toda explicación leo un cartel enorme que dice: "Todo el que haya hecho algo destacable desde 1810 hasta hoy tiene cabida en esta foto, no sea tímido y si lo convocamos, por algo será, algo habrá hecho, en algo andaría". Ahora sí, no me cabe duda, el cambalache discepoliano en todo su esperpéntico fulgor se ha adueñado de mi pesadilla y allí están: Don Chicho y Napoleón, Monzón y San Martín, la Madre Teresa y Pamela Anderson, Pluto y Rintintín. Paso a los pedos al lado de Casildo Herrera que se está borrando con una goma enorme, de Herminio Iglesias que está haciendo una fogata con ataúdes, mientras, Mazorín aprovecha el fuego para tirar pollos podridos... Ahí va María Julia, corrida por un visón vivo que le grita: "¡A mí no me vas a tener en tus hombros ni por una de ésas, yo sí soy ecológico!", mientras ella pasa al lado de la hoguera gritando: "¡Yo no tengo nada que ver con este fuego, no es mi área!". A un lado Gardel me mira y me dice: "¡Qué incerdio, gordo, que incerdio!" Le pido casi de rodillas: "Carlitos, dejame ponerme al lado tuyo en la foto". Y él sin dejar de sonreír se disculpa: "Exigí un lugar aparte, el material humano que estoy viendo deja mucho que desear y, como soy un mito, prefiero solo que mal acompañado ¿sabés? Tanto como para no rodar 'Cuesta abajo'". Me parece más que piola la respuesta del Zorzal y lamentando no ser un mito como él para poder pedir ese privilegio, sigo buscando la salida airosa de este horror. Veo de refilón una sombra negra que parece ser López Rega, huyo erizado y me doy de narices con Patti al que llevan en andas varias amas de casa y diversos vecinos de Escobar al grito de "A la lata al latero tolerancia cero". Veo la intención de la turba de avalanzarse sobre mí al grito de "Mueran los salvajes garantistas, viva la Santa gran Represión", y rajo otra vez. Ya casi no tengo lado por donde escapar, la gigantesca foto va tomando forma. Estoy casi al borde de un colapso cuando un Quijote ciudadano inconfundible, de triste figura y sonrisa melancólica, me larga una frase de las suyas: "No pienses más, hacete a un lao". ¡No lo puedo creer! "¿Me haría el honor, Maestro?", le pregunto y él me contesta: "Ni mamado me dejaría escrachar en esta foto, se lo comentaba hace un rato en el Café de los Angelitos al Negro Olmedo, a Biondi, a Tato Bores, a Niní Marshall, a Marrone, a Stray y a Minguito. Y nos pusimos de acuerdo: nosotros, la gente seria, no tenemos que meternos en el cambalache. Ni hemos robado, ni hemos matado, ni hemos torturado ni mal gobernado, ¿qué pito tocamos en medio de tanta jarana? ¡No, hermano, una foto menos pero la frente bien alta!" "¿Venís al café?" El sí me sale del alma, del corazón, de la piel, de las lágrimas, de las carcajadas y de los cojones. Lo sigo a Discepolín y cuando estoy por salir, tropiezo con la modelo anoréxica que volvió de la muerte que llega con su novio y me pregunta: "¿Te vas?". Mi respuesta suena como un grito de alivio: "¡Sí! Te cedo mi lugar y si podés volver de esta muerte te juro que te invito un café a ver si te avivás, ¡gilastra!"

Salgo corriendo y ¡sí! Allí están, en un café celestial, mis queridos más vivos que nunca. Todos los que nombró Discepolín y otros más, de Olinda Bozán a Sandrini, de Osvaldo Pacheco al Dringue y Castrito, de Parravicini a Barbieri y de Fidel Pintos a Margarita Padin. No puedo con mi llanto, no puedo con mi goce. La pesadilla se convierte en sueño, puede ser que sea deformación profesional, sobredimensión por identificación y simplismo ideológico demagógico. ¡Me importa un carajo! ¡Ésa es la única gente con la que puedo estar! Ahí, en esa dimensión única, donde brillan eternos los que, en medio de la pesadilla, consiguen hacernos volver a creer que uno ha venido al mundo para sufrir lo menos posible.

Me despierto, miro la hora, son las cinco de la mañana. ¡Es tempranísimo! ¡Me voy a tomar otro café con los amigos!

La peor pesadilla

¡Qué humedad, por Dios! No, pensándolo bien, Dios no debe tener nada que ver con todo esto. Pero, igual, ¡qué humedad! Sueño que camino las calles de un Buenos Aires finisecular... Busco compadritos, luces de gas, miriñaques, peinetones y carretas que me lleven a otra época como me pasa habitualmente en mis pesadillas, pero, no... Todo indica que estoy en mi tiempo, y estoy en mi querida calle Corrientes. Hay cola de una cuadra en una pizzería... Pero no vaya a creer el lector desprevenido que se trata de impacientes parroquianos que esperan mesa para atragantarse a pura fugazzetta en el local que no da abasto a tanta demanda... No, se trata de la larga fila de desocupados que esperan en la puta humedad las sobras que les permitan paliar el hambre. ¡Mi Dios! Trato de buscar algún afiche, algún indicio, autos de los años 30, la voz de Gardel saliendo de alguna confitería bailable, no sé, algo que me lleve a otra época. Pero no, el único afiche que alcanzo a ver me muestra a Valeria Mazza, de una disquería próxima salen los acordes melodiosos de "Estoy saliendo con un chabón" y en las carteleras se ven los rostros de De la Rúa, Duhalde, Ortega y algún Menem sonriente. Un auto que pasa se mete en un pozo lleno de agua estancada de vaya a saber qué día de lluvia de las últimas semanas y me salpica cara y traje, varios chicos muy mal entrazados me corren con un "¡Oiga, Don, deme pa' un sánguche!" que partiría el corazón de la Thatcher; busco en mis bolsillos y entro a repartir chirolas hasta que, atraídos como moscas por la miel, veo aparecer por todas partes una corte de los milagros que dejaría pálido a Victor Hugo, la multitud de mendigos es variopinta: portadores de HIV con largos folletos explicativos que como única y final conclusión dejan al descubierto lo poco que se ha hecho y se hace para proteger, desde entes estatales a estos y otros enfermos indigentes, mujeres con criaturas enfermas, criaturas con viejos enfermos, algunos veteranos de Malvinas con la furia pintada en el rostro, avivados y chantas, vagos de alma que aprovechan la malaria para practicar la mendicidad, amparados y casi justificados por la injusticia social y grupos de extranjeros con papelitos escritos en dudoso español que explican que vienen de Rumania, que son refugiados de Kosovo y que Dios me va a ayudar si los ayudo.

Dialogo con uno de ellos, el que mejor habla español, y le pregunto: "¿Por qué de tan lejos, por qué han llegado aquí?" y el pobre me contesta: "Acá dejaron entrar, acá es el paraíso, acá no bombardeo, acá pan". El xenófobo indignado de fin de siglo XX cede su paso al patriota inflamado de la década del cincuenta, me sale el preámbulo de la Constitución como si fuera un versículo sagrado de una Biblia solidaria e ingenua y le digo: "¡Ojalá fuéramos el paraíso que solíamos ser, ojalá el pan alcanzara para todos, ojalá pudiéramos brindar al que llega algo más que este tour mendicante a través de la humedad de una noche de pesadilla, ojalá!". Los rumanos huyen presurosos ante mi perorata y yo sigo caminando por la vereda cósmica del sur pasando a través de músicos ambulantes que en París me parecían una nota de color y aquí, un cachetazo de miseria y frustración. Veo a mis conciudadanos porteños desprolijos, mal vestidos, con dientes no atendidos como otrora, con caras de "¿Qué querés que haga, desde que me quedé sin trabajo fijo, minga de obra social y en qué prepaga querés que me anote con los tres pesos que gano cuando consigo alguna changa?". Los que piden encuentran respuestas indignadas o tristes pero ya no se escucha tanto aquellos "Andá a laburar, vagoneta", "Comprate el *Clarín* y fijate en los clasificados que algo vas a encontrar". No, ya el pobre hombre sabe que "a veces ni pa'l diario hay". De pron-

to se oyen tiros a granel, están asaltando un maxi-
kiosco que por más maxi que sea no debe tener efec-
tivo digno de semejante balacera, pero esos casi
pibes que huyen cubriendo su retirada a fuego vivo
no calculan nada... Avanzan, roban lo que sea y encuentren y tratan de rajar. Un patrullero intenta al-
canzarlos pero, por no pisar a un montón de idio-
tas que cruzan con semáforo en rojo, los pierden
de vista. Apenas repuesto del susto me apoyo contra una vidriera y sin saber por qué empieza a sonar una alarma, salgo cagando como si yo fuera un
ladrón y me meto en un café, me acodo en el mostrador y un parroquiano me reconoce, me pide un
autógrafo y como si fuera mi otro yo empieza a re-
citarme una letanía: "Nadie dice nada. A pocos le
importa algo que no sea su ombligo y su estrechí-
sima quintita árida y sin un tomate pero quintita al
fin. Del exceso de información se pasa a la desin-
formación, a la mala información o directamente a
la indiferencia; las olas van y vienen elevando y
bajando con la velocidad del rayo a políticos,
opinólogos, chupamedias, trepadores, mesías y
predicadores. Todos tienen esperanzas, todos hablan del amor, todos se ponen en la mejor vereda y
se lamentan de que la corrupción, el crimen y la
mala fe de los otros (sí, claro, siempre todo lo malo
es de los otros) hayan llevado a la desesperanza y
la miserabilidad a millones de semejantes que son
denominados como semejantes porque otra cosa no

136

se puede decir sin dejar de ser políticamente correctos pero que, en realidad, de semejantes, nada. Claro, porque los discurseros son muy diferentes de los supuestos semejantes, los discurseros comen cuatro veces al día, tienen un buen auto y viven en casas propias con todos los detalles del confort y desde ahí proponen el sacrificio y la aceptación de las reglas de la globalización imparable, indiscutible y no reemplazable por ninguna otra teoría económica que contemple al otro como semejante y no como inferior que es, en realidad, la verdad de la milanesa. En medio del bochornoso naufragio emergen boyas flotantes: terapias alternativas, ecologistas, espiritualistas y apóstoles que van a lo medular del alma dejando lo prosaico y material en un segundo plano... En un segundo plano del loft bohemio y confortable donde suelen vivir el ochenta y cinco por ciento de ellos, los espíritus elevados, comiendo alimentos naturales y jugos de frutas frescas, envueltos en túnicas y juntando plata para el próximo tour a vaya a saber qué lugar perdido en medio del Himalaya o ¿por qué no? en algún hermoso villorrio de Grecia, California o la estepa rusa que tendrá como fin principal encontrarse a sí mismos y volver al loft más livianitos, puro espíritu vea. Nadie dice nada, se habla mucho; se dice poco, se piensa menos y los pesimistas son los enemigos de la sociedad. Los optimistas que dejan a la gente sin trabajo son los forjadores de un mundo mejor donde putas colagenadas y corruptos con trajes de alpaca fosforescente se pavonean por shoppings, vernissages y eventos con una ostentación y un mal gusto disfrazado de buen gusto que haría vomitar al pueblo si el pueblo no tuviera el estómago tan vacío. Claro, podría ser peor. No desesperemos... Ya lo será... ¡Salud, mi amigo! ¿Me paga el café? ¿Sabe qué? Soy docente de la vida y usted ya sabe cómo andamos los docentes en este país". No tengo más remedio que pagar porque el "docente de la vida" se ha hecho humo. Quiero saber la hora pero al tratar de constatarla me doy cuenta de que alguien me afanó el reloj mientras el maestro me hablaba... Con cierta desesperación le pregunto a otro parroquiano acodado en el mostrador: "¿Qué hora es?". El tipo me mira fijo y sin anestesia me zampa un discurso: "¿Qué hora es? ¿Aquí y ahora? Es una hora cualquiera, es una hora más del monótono transcurrir de este fin de siglo argentino hecatómbico, tumultuoso, confuso y atribulado, una hora más para un porteño como todos, nervioso como nutria en peletería, desubicado como eructo en un concierto de cámara y más al pedo que piraña sin dientes. ¿Qué hora es? ¡Cualquiera! Es una hora más, una falídica hora... porque vivimos en una época donde a la misma hora que un hombre muere de un infarto en la Bolsa, a esa misma hora va presa una mujer por robar comida para sus hijos, a esa misma hora un comerciante baja definitivamente la cortina de su anticuada mercería de barrio que, modesta y todo, les permitió a sus abuelos educar a sus padres y a sus padres educarlo a él y ahora él duda entre llorar o putear, a esa misma hora un jubilado grita junto a otros cien o doscientos viejos en plena plaza del Congreso, a la misma hora en la que un matrimonio se separa para ir a vivir a casa de sus respectivos padres porque ya no pueden mantener el depto y de tanto discutir por la puta guita ya sus relaciones tienen sabor a nada, con perdón de Ortega, a esa misma hora otra pareja decide no casarse por falta de fondos, una chica renuncia a su fiesta de quince ante la amargura culposa de un padre sub-ocupado y otro hombre cualquiera se gasta en vino barato los pocos pesos de una changa, a esa misma hora en la que alguien se tira por la ventana, harto del olvido y de sus achaques que nadie curará porque hace rato que no tiene cobertura de ninguna clase. A esa puta y precisa misma hora dos políticos, un moderador, un cura, un policía, un milico, una estrella de cine y una dama de beneficencia cacarean sus logros, luchas y esfuerzos en un estudio de televisión, ese limbo eterno de livings imposibles, mesas ratonas llenas de pocillos de café y copas de agua, imperios del canje publicitario presididos por los infaltables helechos y los panoramas de los rascacielos porteños que se creen neoyorquinos, reino de la pavada atemporal donde se habla de progresos tecnológicos, sucesos artísti-

139

cos, adelantos de la medicina y ¡buena onda, che, buena onda que nada es tan grave! Mientras las tres cuartas partes del personal (cameramans que toman la imagen incluidos) tiembla por miedo al despido por racionalización de empresa. ¡Todo a la misma hora! ¡Ésa es la hora! Es hora de cambiar, hora de hacer algo... ¡y hora de que me pague el vinito Don, a usted que le va tan bien en la vida!". No puedo negarme a pagar el vinito que en realidad son unos cuantos vinitos. Ya me estoy quedando sin un mango así que decido dejar el cafetín de sabihondos y suicidas y volver a la humedad de la calle, los carteles luminosos se han apagado y sólo se ven bultos oscuros tirados por las veredas. Son marginales semidormidos hartos de pedir limosna, los hay discapacitados: ciegos o paralíticos, cruzo de vereda por miedo al mangazo y veo que una librería todavía estaba abierta, recuerdo mis épocas de juventud allá en los sesenta cuando esas librerías de la calle Corrientes estaban llenas de sueños y utopías, de españoles que venían a comprar lo que Franco había prohibido o de estudiantes crónicos. El brochazo nostálgico dura poco porque un tumulto atrae mi atención, es una manifestación de trabajadores y productores agropecuarios que avanzan con camiones y tractores; parece una imagen surrealista típica de una pesadilla. Me tranquilizo. ¡Sí, estoy soñando! Del grupo de mendigos salen dos o tres que, por miedo a que los que se acercan sean de la cana, rajan a toda velocidad, uno de ellos se ha olvidado de sacarse el cartel de ciego y otro corre cargando una muleta, los verdaderos discapacitados se entregan a su suerte hasta que se dan cuenta de que los que vienen marchando son tan desprotegidos como ellos, y se alivian con el mal de muchos. Yo no puedo más, corro y corro buscando despertarme. ¡Y esa humedad, por favor! Y corro y corro y llego a mi casa y me desplomo en un sillón del living y pongo la tele y veo y escucho a un empresario prestigioso, el mismo que hace seis años hablaba del ingreso de la Argentina al ansiado Primer Mundo, el mismo que decía que en un par de años más, o sea hoy, la Argentina iba a salir del pozo, que los puestos de trabajo se iban a triplicar gracias al enorme sacrificio de los sectores de menores recursos, que hacia el fin del milenio se venía el boom económico que la Argentina había estado preparando desde 1989 y, pruebas al canto (siguió afirmando él y muchos más en esta patria), por eso el efecto tequila, el arroz y el caipirinha casi no han impactado el corazón de nuestra economía. ¡Quién lo ha visto y quién lo ve! Ahora, se rasga las vestiduras, dice que en el país hay mucha malaria y que hay que seguir rebajando salarios, despidiendo gente y contratando a otra en condiciones más precarias porque, usted sabe, el país no da. Nosotros no somos Francia, ni Italia, ni España, ni siquiera Grecia o Portugal somos, así que a ajustarse el cinturón, que vamos a tener un principio de siglo movidito. Al lado del empresario hay una concheta metida a empresaria que hace unos años adhería fervientemente al plan económico y en su creencia se puso una fábrica de no sé qué; ahora está rasgándose las vestiduras reclamando por un poco más de protección a la industria local, parece una oradora nacionalista de la década del cincuenta, casi me hace llorar... de risa, claro. ¿Qué pasa, chicos? ¿Se acabó la fiesta?, ¿recién ahora se avivan de que la destrucción de la industria sin reemplazarla por ninguna otra actividad productiva es, a la larga, la destrucción del país? ¿Los aplausos en la Sociedad Rural se transforman en silbidos? ¿No se habían dado cuenta? ¡Qué pesadilla, por Dios! ¡El país no da! ¡Sí que da! ¡Da lástima! Me quiero despertar y grito, mi familia acude al living, están en ropa de dormir... mi hermano pregunta: "¿Te pasa algo? ¿Por qué encendiste la tele a esta hora de la madrugada?" ¡Dios! ¡Estoy despierto! ¡No es una pesadilla, o sí, lo es, pero estoy despierto! Contesto con monosílabos, apago la tele, me voy a la cama y empiezo a dormirme. Es la primera vez que para salir de una pesadilla en lugar de despertarme, me duermo. ¡Qué humedad! ¡Qué puta humedad! ¡Es la culpable, es la que mata! ¡Hasta mañana! ¡Y ojalá que no vuelva a soñar! ¡Despertarse es una posibilidad inquietante! ¡Dormirse no es ninguna garantía pero, al menos, en los sueños no se siente la humedad!

ÍNDICE

Esta edición de 12.000 ejemplares
se terminó de imprimir en
Indugraf S. A.,
Sánchez de Loria 2251, Bs. As.,
en el mes de diciembre de 1999.